东方破晓

星星之火是如何点燃的？

张神根　张倔　著

广西人民出版社

图书在版编目（CIP）数据

东方破晓：星星之火是如何点燃的？/张神根，张倔著. —南宁：广西人民出版社，2023.8
ISBN 978-7-219-11559-6

Ⅰ. ①东… Ⅱ. ①张… ②张… Ⅲ. ①中国共产党—党史 Ⅳ. ①D23

中国国家版本馆CIP数据核字（2023）第077128号

DONGFANG POXIAO——XINGXING ZHI HUO SHI RUHE DIANRAN DE？

东方破晓——星星之火是如何点燃的？

张神根 张倔 著

出 版 人 韦鸿学
总 策 划 白竹林 吴小龙
执行策划 李亚伟
责任编辑 李亚伟
责任校对 梁小琪
装帧设计 刘 凛

出版发行 广西人民出版社
社 址 广西南宁市桂春路6号
邮 编 530021
印 刷 广西民族印刷包装集团有限公司
开 本 787mm×1092mm 1/16
印 张 16.75
字 数 208千字
版 次 2023年8月 第1版
印 次 2023年8月 第1次印刷
书 号 ISBN 978-7-219-11559-6
定 价 58.00元

前言

小细节　大历史

中国共产党的成立是开天辟地的大事变。2021年7月1日，习近平总书记在庆祝中国共产党成立100周年大会上深刻指出："一百年前，中国共产党的先驱们创建了中国共产党，形成了坚持真理、坚守理想，践行初心、担当使命，不怕牺牲、英勇斗争，对党忠诚、不负人民的伟大建党精神，这是中国共产党的精神之源。"伟大建党精神在创建中国共产党的伟大实践中开始形成发展，中国共产党孕育和诞生是党百年奋斗征程的起点。

1921年的中国，正处在风雨飘摇之中，中华民族到了最危险的时候，南湖红船上点燃的革命火种照亮旧中国的沉沉黑夜，从此中国人民就有了主心骨，中国革命开始了新纪元。然而，星星之火是如何点燃的，许多历史背景和细节并不为人所知，由此我们编写了《东方破晓——星星之火是如何点燃的？》一书，通过30个生动鲜活的党史故事，以大视野立足建党主线，以小细节拓展建党内涵，既高屋建瓴、宏大叙事，又以小见大、见微知著，梳理建党脉络、深挖建党文献，展现了从1915年陈独秀创办《新青年》兴起新文化运动到1921年7月中国共产党成立这段波澜壮阔、风云激荡、开天辟地的峥嵘岁月，再现了中国共产党诞生的艰难与辉煌的场景，揭示了中国共产党的诞生不是历史的偶然而是近代中国历史发展的必然。

习近平总书记指出："党的历史是最生动、最有说服力的教科书"。要读懂和讲好党史这部教科书，就要用广大群众尤其是青年人喜闻乐见的表现方式，使读者特别是年轻人能够产生情感共鸣，让红色教育更鲜活更生动更有吸引力。为此，本书通过讲故事的形式，用生动形象、活泼流畅的语言娓娓道来，并注重挖掘和彰显历史细节，依托"小细节"讲述"大历史"，深入浅出地解读伟大建党实践与建党精神，使中国共产党创建史通过丰富、曲折而生动的细节更加立体、丰满和鲜活。期待广大读者尤其是年轻的读者在阅读中被带回到百年前那个伟大的起点，通过细节感知和品味过去的历史，感受先驱们忠诚践行伟大建党精神的情怀，感悟中国共产党砥砺奋斗的初心使命，追寻先驱们筚路蓝缕、艰辛求索的奋斗足迹，探寻百年大党为什么能够脱颖而出拯救民族于危难的精神密码，传承红色基因，赓续红色血脉，厚植爱党爱国爱社会主义的情感。

在写作过程中，本书吸纳了近年来党史研究领域众多研究成果，参考和引用了大量亲历者的回忆史料，在此表示诚挚的谢意。

目录

一　吹响思想启蒙的号角　1

二　漫漫长夜中的一道闪电　11

三《北方吹来十月的风》　19

四　为中国引来马克思主义的“天火”　27

五　苏俄发表对华宣言　35

六“走俄国人的路”　43

七　赵家楼的火光　51

八　李大钊播撒“火种”　61

九　陈独秀世界观的转变　69

十　以笔为枪的李达、李汉俊　77

十一　华南“明灯”杨匏安　85

十二　毛泽东的初心之路　93

十三　周恩来“模糊中见光明”　101

十四　恽代英的艰辛探索　109

十五　蔡和森首倡“成立中国共产党”　117

十六 “南陈北李　相约建党” 125

十七 维经斯基使华 133

十八 “中国共产党”在上海发起 141

十九 暗夜里的一缕曙光 151

二十 “问题与主义”之争 165

二十一 社会主义是否适合于中国国情? 173

二十二 陈独秀三驳区声白 181

二十三 《中国共产党宣言》未解之谜 189

二十四 创办“工人的喉舌” 197

二十五 组织“真正的工人团体” 207

二十六 “北方劳动界的一颗明星” 215

二十七 创建社会主义青年团 223

二十八 群英会聚上海滩 231

二十九 被密探惊扰的建党会议 241

三十 “开天辟地的大事变” 251

主要参考书目 260

一 吹响思想启蒙的号角

中华民族有着5000多年源远流长的文明历史，创造了曾在世界上独领风骚的先进文明。但是1840年鸦片战争后，在帝国主义列强坚船利炮轰击下，腐朽无能的晚清政府被迫同西方列强签订了一系列不平等条约。一场又一场侵略战争的打击，一个又一个不平等条约的枷锁，把中华民族推入前所未有的黑暗境地。

1840年6月，英国发动侵略中国的鸦片战争，用炮舰轰开了中国的大门。清政府被迫于1842年8月29日在英舰皋华丽号上签订了第一个不平等条约《南京条约》。图为签约时中英双方代表的合影

为了拯救民族危亡，中国社会各阶级、各阶层纷纷登上历史舞台，提出各自的救国方案并进行了千辛万苦的探索和不屈不挠的斗争。然而，无论是农民阶级发起的太平天国运动和义和团运动，地主阶级革新派发起的洋务运动，还是资产阶级改良派发起的百日维新，资产阶级革命派发起的辛亥革命，都以失败而告终。尤其是1911年伟大的革命先

孙中山（1866—1925），广东香山（今中山市）人

行者孙中山领导的辛亥革命，推翻了统治中国几千年的封建君主专制制度，建立了资产阶级共和政体，成立了中华民国。然而，辛亥革命的果实不久被得到帝国主义支持的袁世凯等北洋军阀所窃取，虽然挂了个民国的招牌，但中国仍然是帝国主义列强宰割下的半殖民地半封建国家，军阀混战，民生凋敝，社会黑暗到了极点，人民的苦难有增无减，辛亥革命没有达到预期的目的。

袁世凯上台后，伴随着他颠覆共和、强化独裁、复辟帝制等政治上的倒行逆施，在思想文化界掀起了一股尊孔复古的逆流。1913年6月，袁世凯向全国发布《通令尊崇孔圣文》。1914年2月，袁世凯通令全国，一律举行祀孔典礼。9月28日，袁世凯头戴平天冠，身着团花祭服，率领文武百官到北京孔庙行三跪九叩首大礼，演出了民国以来第一次祀孔丑剧。正如鲁迅所讥讽的那样：

从20世纪的开始以来，孔夫子的运气是很坏的，但到袁世凯时代，却又被从新记得，不但恢复了祭典，还新做了古怪的祭服，使奉祀的人们穿起来。跟着这事而出现的便是帝制。

在袁世凯的倡导下，清朝的遗老、封建文人推波助澜，组织了“孔教会”“尊孔会”“孔道会”“孔社”“尊孔文社”等各种名目的尊孔复古团体。史学家胡绳对他们的活动作了这样的描述：

他们鼓吹封建主义的纲常名教，提倡以“孔教”为“国教”，利用人们对于辛亥革命后局势的失望情绪诋毁民主共和，诋毁自由平等的观念，企图使人相信只有重建封建礼教的权威，中国才能得救。

与此同时，鬼神之类的歪门邪说广为流行，名目繁多的迷信团体纷纷出笼，粗俗鄙陋、格调低下的文艺作品泛滥成灾。封建思想和文化像一张巨大的罗网，严重束缚着人们的思想，中国坠入了更加黑暗的深渊。

面对这股封建复古的逆流，有人退缩，有人与其同流，有人感到彷徨。最先吹响思想启蒙号角的，是被毛泽东称为“思想界的明星”“五四运动的总司令”的陈独秀。

陈独秀，字仲甫，1879年出生于安徽省怀宁县城（今安庆市）一个小户人家，自幼天资聪颖，性格刚烈。童年由祖父陈章旭教他读书，祖父绰号“白胡爹爹”，是个严厉的人。面对祖父的打骂，陈独秀咬紧牙关就是不哭。祖父说过这样一句气话：“这孩子长大后不成龙便成蛇。”

陈独秀17岁考中秀才，但次年在乡试中落第。1895年甲午战争的失败和1900年八国联军的入侵，给了陈独秀极大的震动，激起陈独秀强烈的爱国思想。此后他逐渐抛弃了传统的仕宦旧途，转而寻求西方新学。他回忆说：

> （少年时在家里读书）天天只知道吃饭睡觉。就是发奋有为，也不过是念念文章，想骗几层功名，光耀门楣罢了。那知道国家是什么东西，和我有什么关系呢。到了甲午年，才听见人说有个什么日本国，把我们中国打败了。到了庚子年，又有什么英国、俄国、法国、德国、意国、美国、奥国、日本八国的联合军，把中国打败了。……我越思越想，悲从中来。我们中国何以不如外国，要被外国欺负，此中必有缘故。我便去到各国，查看一番。

为了探索救亡图存之路，从1901年至1915年，陈独秀先后5次东渡日本求学或避难，研究日本强盛的原因，特别是西方资产阶级政治学说，并开始接受资产阶级民主主义思想。1903年冬返回安庆，他深感安徽“风气闭塞”，应该有一份白话报开风气、启民智。1904年3月，陈独秀与好友汪孟邹在芜湖创办《安徽俗话报》，开始了“表面普及知识，暗中鼓吹革命的工作”。

1905年夏，陈独秀与柏文蔚在芜湖发起成立反清秘密组织“岳王会”，其成员大多数是中下级军官和士兵，思想倾向革命。1911年辛亥革命后，陈独秀任安徽都督府秘书长，主张大刀阔斧地进行改革，遭到守旧派的强烈反对而受挫。1914年7月，陈独秀第5次东渡日本，帮助章士钊编辑《甲寅》杂志。在这里，他不仅积累了办刊经验，还结识了同为该杂志撰稿人、日后成为新文化运动主将的李大钊和高一涵。

通过对辛亥革命失败的深刻反思，陈独秀认识到，推翻清王朝、仿效西方建立资产阶级共和国，之所以没有能够在中国行得通，主要是因为中国人的思想还没有从根本上摆脱封建主义的束缚。他由此得出一个结论：改造中国仅仅靠移植西方的民主政治制度是不够的，还需要有文化的觉醒和思想的启蒙。因此他认为，中国当务之急不在于政治革命，而在于思想革命。“欲使共和名副其实，必须改变人的思想，要改变思想，须办杂志”。刘仁静后来回忆说：

> “九一八”事变以前，我住在上海，与陈独秀经常有来往……他知道我住的地方，经常到我家里来，并跟我谈起他是怎么办起《新青年》来的。他说，一九一五年袁世凯承认二十一条的时候，对他刺激很大，他认为中国还是军阀当权，革不成什么命，在中国进行政治革命没有意义，要从思想革命开始，要革中国人思想的命。

1915年6月中旬，陈独秀从日本回到上海，立即找到当年在芜湖一同办《安徽俗话报》的汪孟邹，想让汪孟邹帮他办杂志，负责印刷和发行。他信心十足地鼓动汪孟邹说：“只要十年、八年的功夫”，这个杂志“一定会发生很大的影响”。

汪孟邹是安徽绩溪人，与陈独秀同为安徽老乡。幼学八股、史地，接受新思想。1903年在芜湖创立科学图书社，销售上海出版的进步书刊，当时被人称为“洋书店”。1913年，他在陈独秀的帮助下来到上海，创立亚东图书馆。

汪孟邹对陈独秀的提议深表赞同，但此时亚东图书馆生意清淡，资金困难，实在没有力量再出一本杂志。于是，他便把陈独秀引荐给与自己相交甚密的上海群益书社老板陈子沛、陈子寿两兄弟。通过双方面谈，陈氏兄弟同意承担出版发行工作，并商定每月出刊一期，陈独秀每月得编辑费和稿费200元。

1915年9月15日，陈独秀主持创办的《青年杂志》第一卷第一号在上海问世，揭开了新文化运动的序幕。

1915年9月，陈独秀在上海创办《青年杂志》（第二卷第一号起改称《新青年》）

陈独秀对新一代青年人寄予厚望，把他们看成是中国社会兴衰的关键，把满腔的爱国热情寄托在他们身上。他在《青年杂志》（后改名《新青年》）创刊号上发表的发刊词《敬告青年》中，充满激情地颂扬青年在社会中的进步作用：

> 青年如初春，如朝日，如百卉之萌动，如利刃之新发于硎，人生最可宝贵之时期也。青年之于社会，犹新鲜活泼细胞之在人身。新陈代谢，陈腐朽败者无时不在天然淘汰之途，与新鲜活泼者以空间之位置及时间之生命。人身遵新陈代谢之道则健康，陈腐朽败之细胞充塞人身则人身死；社会遵新陈代谢之道则隆盛，陈腐朽败之分子充塞社会则社会亡。

接着，他对青年们提出6点希望：

（1）自主的而非奴隶的；（2）进步的而非保守的；（3）进取的而非退隐的；（4）世界的而非锁国的；（5）实利的而非虚文的；（6）科学的而非想象的。

陈独秀这六大主张归结为“科学与人权并重”，从而打出了作为新文化运动象征的“民主”与“科学”两面大旗。

“民主”与“科学”，当时又称作“德先生”（Democracy）和“赛先生”（Science），成为初期新文化运动的基本口号。1919年1月15日，陈独秀在该杂志第六卷第一号上发表《本志罪案之答辩书》，表示坚决“拥护那德莫克拉西和赛因斯两位先生”，并指出：

> 我们现在认定只有这两位先生，可以救治中国政治上、道德

上、学术上、思想上一切的黑暗。若因为拥护这两位先生，一切政府的压迫，社会的攻击笑骂，就是断头流血，都不推辞。

陈独秀以及该杂志主要撰稿人李大钊、鲁迅、胡适、钱玄同、刘半农等人以“民主”和“科学”为武器，以所向披靡的战斗精神对阻碍社会进步的封建专制思想发起了前所未有的猛烈攻击，在当时万马齐喑、死气沉沉的中国思想界引发了巨大的震动。

《青年杂志》出了几期后，随着发行数量的增长，它在青年和群众中的影响越来越大。1916年2月15日，《青年杂志》第一卷第六号出版后不久，担任印行的群益书社收到了基督教上海青年会的一封信，说《青年杂志》和他们主办的《上海青年》周报（“上海”用英文，封面只有“青年”两个中文字）名字雷同，有侵权之嫌。群益书社陈氏兄弟为了避免不必要的麻烦和官司，和陈独秀商妥后，从1916年9月1日出版的第二卷第一号起改名为《新青年》。添加一个“新”字，进一步明确杂志定位和办刊宗旨，即宣传新思想、新文化，启发新觉悟，造就新青年。

陈独秀创办《新青年》，大张旗鼓宣传民主和科学，猛烈批判封建专制，如同一盏信仰之灯照亮了无数热血青年的救亡图存之路。恽代英、林育南等武汉进步青年致函《新青年》编辑部说：

我们素来的生活，是在混沌的里面，自从看了《新青年》，渐渐地醒悟过来，真是像在黑暗的地方见了曙光一样。

二　漫漫长夜中的一道闪电

以《新青年》的出版为标志兴起的新文化运动，发难于上海而成功于北京，是20世纪初中国经历的一场前所未有的启蒙运动和思想解放运动。它高举“民主”和“科学”两面大旗，如同漫漫长夜中的一道闪电，猛烈冲击着封建专制制度和封建传统文化。

1916年12月26日，著名教育家蔡元培被任命为北京大学校长。蔡元培早年加入同盟会，受民主革命思想影响，主张教育救国。辛亥革命后出任南京临时政府第一任教育总长，仿照西方教育制度建立我国近代的教育体制。他积极支持新文化运动，实行民主办学，提倡学术研究，鼓励出版刊物和开展社团活动。

北京大学校长蔡元培（中）与友人合影

1917年1月4日，蔡元培到校任职以后，提出“思想自由，兼容并包”的理念，广为延揽一批学有专长并具有浓厚民主思想的名流学者，并为他们提供了一个宽松自由的学术氛围。他对新文化运动的倡导者陈独秀的大名早有耳闻，颇为欣赏他的才华，因此到北大就职不到十天，即1月13日，就力排众议聘请陈独秀来北大任文科学长。陈独秀到北大不久，《新青年》编辑部也由上海迁到北京，地址就在北池子箭杆胡同9号（陈独秀的家中）。此后，蔡元培又陆续聘请胡适、刘半农、周作人为北大文科教授，李大钊为北大图书馆主任（1920年兼任教授），钱玄同、沈尹默此前已在北大文科任教。鲁迅当时仍在教育部任职，但他和《新青年》以及北大教授们也有密切的关系，1920年8月被正式聘为北大兼职讲师。

1918年1月，《新青年》由陈独秀个人主编改为同人刊物，李大钊、鲁迅、胡适、钱玄同、刘半农、陶孟和、沈尹默、高一涵等人先后参与编辑并成为主要撰稿人，实行轮流编辑，集体讨论制度。他们成为初期新文化运动的急先锋和闯将，在北京大学也形成了一个以《新青年》为核心的新文化阵营。在他们的影响下，各种新思潮、各种刊物如雨后春笋般涌现出来，许多青年学生成为新文化运动的拥护者和参加者，北京大学也成为新文化运动的摇篮。也是在这一时期，《新青年》指点江山，激扬文字，“当之无愧地成为新文化运动的旗帜”。

初期新文化运动的基本内容包括3个方面：提倡民主和科学；反对封建礼教；文学革命。

针对辛亥革命后民众思想的蒙昧和落后，1915年9月15日，陈独秀在《新青年》创刊号上发表《敬告青年》一文，举起了“民主”（当时民主称作“人权”）和“科学”两面大旗。他大声疾呼：国人而欲脱蒙昧时代，羞为浅化之民也，则急起直追，当以科学与人权并重。此后，《新青年》旗帜鲜明地宣传民主和科学，用民主主义的新思想、新文化、新道德，反对封建主义的旧思想、旧文化、旧道德。

1916年2月15日，陈独秀在《新青年》第一卷第六号上发表《吾人最后之觉悟》一文，尖锐地抨击了封建专制制度，大力宣传自由民主思想。他说："吾国欲图世界的生存，必弃数千年相传之官僚的专制的个人政治，而易之以自由的自治的国民政治也。"所谓"自由的自治的国民政治"也就是资产阶级民主政治。

稍后，新文化运动的另一位领袖李大钊也发表文章，同陈独秀并肩作战，宣传政治民主和思想自由。

李大钊，字守常，1889年出生于河北省乐亭县大黑坨村。1907年考入天津北洋法政专门学校，开始系统接受西学教育。青年李大钊立志于救国救民、"再造神州"，深受梁启超、严复等资产阶级改良主义思想影响，曾一度向西方寻求救国救民的真理。1910年他曾作为学生代表投身于要求速开国会的和平请愿运动。辛亥革命胜利后，他感到欢欣鼓舞，认为中国从此可以建立资产阶级共和国。1913年底，李大钊东渡日本，后考入东京早稻田大学攻读政治学。1915年1月，日本帝国主义向袁世凯提出灭亡中国的"二十一条"，他奋起反对，连夜起草了慷慨激昂、义正词严的《警告全国父老书》。1916年5月，李大钊中断学业回国，先任北京《晨钟报》编辑主任，不久受章士钊的邀请出任《甲寅》日刊主笔。1918年1月，在章士钊举荐下，李大钊出任北京大学图书馆主任，不久加入《新青年》编辑部，积极投身于当时正在兴起的新文化运动并成为主要倡导者之一。

新文化运动的先驱者们以进化论和个性解放为主要武器，向统治中国两千多年的三纲五常和封建礼教，特别是被袁世凯所尊奉的孔教发动了猛烈的进攻。他们大胆揭露三纲五常是“奴隶的道德”，忠孝节义是“吃人的礼教”，大力提倡新道德，反对旧道德。

1916年11月1日，陈独秀在《新青年》第二卷第三号上发表《宪法与孔教》一文，深刻地指出：孔教与民主是根本对立的，“西洋所谓法治国者，其最大精神，乃为法律之前，人人平等，绝无尊卑贵贱之殊”。陈独秀认为，中国要想建设“西洋式之新国家”，组织“西洋式之新社会”，就必须“对于与此新社会、新国家、新信仰不可相容之孔教，不可不有彻底之觉悟，猛勇之决心；否则不塞不流，不止不行！”李大钊在1917年1月30日和2月4日的《甲寅》日刊上连续发表了《孔子与宪法》和《自然的伦理观与孔子》两篇文章，猛烈抨击以孔子为偶像的旧礼教、旧道德，揭露孔子是“数千年前之残骸枯骨”，“历代帝王专制之护符”，表示“专制不能容于自由”，谴责将孔教载入宪法是“专制复活之先声”。

对封建礼教的批判最为深刻、最为猛烈的是新文化运动的后起之秀鲁迅。

鲁迅，1881年出生于浙江绍兴的封建家庭。原名周树人。“鲁迅”是他发表第一篇白话小说《狂人日记》时所用的笔名。早年就读于南京江南水师学堂。1902年留学日本，先到东京弘文学院补习日语，后入仙台医学专门学校学医。1906年弃医，从事文学创作。1909年回国，在杭州任教。1912年1月中华民国成立后，应教育总长蔡元培之邀，到南京临时政府教育部任职，同年5月随民国政府迁至北京。1918年初参加《新青年》编辑工作，1920年兼任北京大学讲师，积极投身于五四新文化运动。

1918年5月15日，鲁迅在文学革命的鼓舞下，在《新青年》第四卷第五号上发表了中国第一篇白话文小说《狂人日记》，对几千年来中国“吃人”的封建宗法家族制度和旧礼教进行了血泪控诉和无情鞭挞。他在小说里以犀利的文笔刻画了封建礼教的罪恶，用“吃人”二字来揭示封建“仁义道德”扼杀人性的本质，号召千百万人民起来打倒“吃人的礼教”。他借“狂人”的口说道：

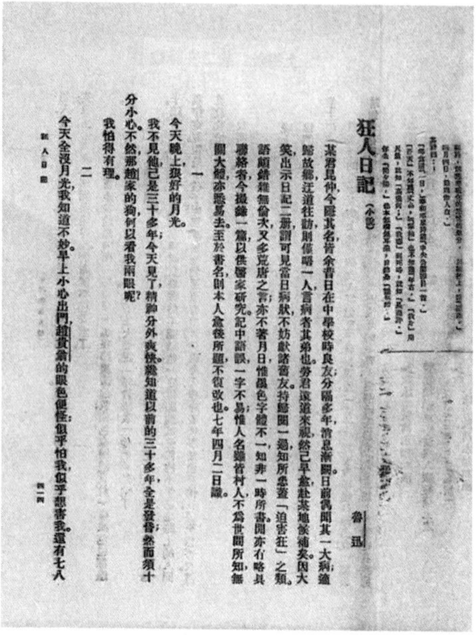
狂人日記（小說）

魯迅

某君昆仲，今隱其名，皆余昔日在中學校時良友；分隔多年，消息漸闕。日前偶聞其一大病；適歸故鄉，迂道往訪，則僅晤一人，言病者其弟也。勞君遠道來視，然已早愈，赴某地候補矣。因大笑，出示日記二冊，謂可見當日病狀，不妨獻諸舊友。持歸閱一過，知所患蓋「迫害狂」之類。語頗錯雜無倫次，又多荒唐之言；亦不著月日，惟墨色字體不一，知非一時所書。間亦有略具聯絡者，今撮錄一篇，以供醫家研究。記中語誤，一字不易；惟人名雖皆村人，不為世間所知，無關大體，然亦悉易去。至於書名，則本人愈後所題，不復改也。七年四月二日識。

一

今天晚上，很好的月光。

我不見他，已是三十多年；今天見了，精神分外爽快。才知道以前的三十多年，全是發昏；然而須十分小心。不然，那趙家的狗，何以看我兩眼呢？

我怕得有理。

二

今天全沒月光，我知道不妙。早上小心出門，趙貴翁的眼色便怪：似乎怕我，似乎想害我。還有七八

狂人日記 四一四

1918年5月，鲁迅发表《狂人日记》（《新青年》第四卷第五号）

我翻开历史一查，这历史没有年代，歪歪斜斜的每页上都写着“仁义道德”几个字。我横竖睡不着，仔细看了半夜，才从字缝里看出字来，满本都写着两个字是“吃人”！

初期新文化运动的另一项主要内容是文学革命，反对封建八股。这个运动的首倡者，是年轻的留美学生胡适以及陈独秀。

胡适，字适之，生于1891年，安徽绩溪人。少年时代在上海求学时，初步接触到西方的思想文化。1910年，他考取“庚子赔款”第二期官费生赴美留学。虽然身在美国，但他依然关注国内的发展动向。《新青年》出版后，胡适经常向它投稿，后由同乡汪孟邹介绍与陈独秀建立

了通信联系。1917年7月，26岁的胡适留学归来，由虽未谋面，却志同道合、神交已久的陈独秀举荐出任北京大学文科教授，月薪280银圆，为教授中最高。后加入《新青年》编辑部并成为主要撰稿人之一，大力提倡白话文，宣扬个性解放、思想自由，和陈独秀一起倡导新文化运动和文学革命，在社会上尤其青年中有一些声望。

1917年1月1日，胡适在《新青年》第二卷第五号上发表《文学改良刍议》一文，提出“文学改良，须从八事入手”，即：

> 一曰，须言之有物。二曰，不摹仿古人。三曰，须讲求文法。四曰，不作无病之呻吟。五曰，务去滥调套语。六曰，不用典。七曰，不讲对仗。八曰，不避俗字俗语。

胡适提出的关于文学改良的八项主张中心意思就是提倡白话文，反对文言文，向旧文学发起挑战，在社会上引起了极大轰动。胡适的文章受到陈独秀高度评价，但陈独秀觉得“改良”的力度还不够大，于是亲自披挂上阵。2月1日，陈独秀在《新青年》第二卷第六号上发表《文学革命论》，正式打起“文学革命”的大旗，并响亮地提出了“文学革命”的目标：

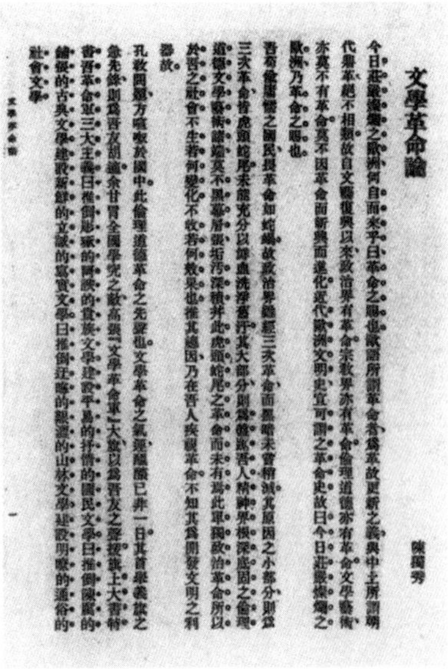

文學革命論

陳獨秀

今日莊嚴燦爛之歐洲何自而來乎曰革命之賜也歐語所謂革命者為革故更新之義與中土所謂朝代鼎革絕不相類故自文藝復興以來政治界有革命宗教界亦有革命倫理道德亦有革命文學藝術亦莫不有革命莫不因革命而新興而進化近代歐洲文明史宜可謂之革命史故曰今日莊嚴燦爛之歐洲乃革命之賜也

吾苟偷庸懦之國民畏革命如蛇蝎故政治界雖經三次革命而黑暗未嘗稍減其原因之小部分則為三次革命皆虎頭蛇尾未能充分以鮮血洗淨舊汙其大部分則為盤踞吾人精神界根深底固之倫理道德文學藝術諸端莫不黑幕層張垢汙深積並此虎頭蛇尾之革命而未有焉此單獨政治革命所以於吾之社會不生若何變化不收若何效果也推其總因乃在吾人疾視革命不知其為開發文明之利器故

孔教問題方喧呶於國中此倫理道德革命之先聲也文學革命之氣運醞釀已非一日其首舉義旗之急先鋒則為吾友胡適余甘冒全國學究之敵高張「文學革命軍」大旗以為吾友之聲援旗上大書特書吾革命軍三大主義曰推倒雕琢的阿諛的貴族文學建設平易的抒情的國民文學曰推倒陳腐的鋪張的古典文學建設新鮮的立誠的寫實文學曰推倒迂晦的艱澀的山林文學建設明瞭的通俗的社會文學

文學革命論

一

1917年2月，陈独秀发表《文学革命论》（《新青年》第二卷第六号）

（一）推倒雕琢的、阿谀的贵族文学，建设平易的、抒情的国民文学；（二）推倒陈腐的、铺张的古典文学，建设鲜明的、立诚的写实文学；（三）推倒迂晦的、艰涩的山林文学，建设明了的、通俗的社会文学。

胡适、陈独秀的文章发表，吹响了文学革命的号角。钱玄同、刘半农、周作人等紧接着撰文响应，鲁迅发表他卓越的短篇小说《狂人日记》，积极参加这场反对封建文化的斗争。《新青年》也从1918年1月出版的第四卷第一号起改用白话文，采用新式标点符号，这一改革使得《新青年》的影响迅速扩大，被誉为“青年界之金针”和“良师益友”。

新文化运动对民主和科学的张扬，对封建伦理道德的抨击以及对封建旧文化的批判，有力地打击和动摇了长期以来封建思想的统治地位，是中国近代史上的一次伟大的思想启蒙运动，“自有中国历史以来，还没有过这样伟大而彻底的文化革命”。这次运动使中国的知识分子特别是广大青年受到一次西方民主和科学思想的洗礼，他们纷纷跨出书斋，走向社会，寻找救国救民的良方，探索中国革命的出路，从而为中国的先进分子迅速接受十月革命的新思想，为马克思主义在中国的传播，为即将到来的五四爱国运动和新民主主义革命，创造了有利的条件。

三　《北方吹来十月的风》

1964年10月2日，为庆祝新中国成立15周年创作的大型音乐舞蹈史诗《东方红》在北京人民大会堂首演，其中歌曲《北方吹来十月的风》描写和歌颂了中国共产党的诞生，表达了毛泽东“十月革命一声炮响，给我们送来了马克思列宁主义”这个历史性结论。那么，“北方”邻国“十月的风”是怎样吹到国内来的呢？

1917年11月7日（俄历10月25日），在列宁的领导下，彼得格勒工人群众发动武装起义，推翻反动的资产阶级临时政府，随后苏维埃政权在俄国各地相继建立，俄国十月社会主义革命取得伟大胜利。十月革命的胜利，极大地鼓舞了中国人民的斗争意志，给正在倡导新文化运动的先进分子和拥护新文化运动的知识青年极大的震动和影响。

十月革命爆发后，最早向国内传递信息的是当时中国北洋政府驻俄公使刘镜人。11月7日，十月革命爆发当天，刘镜人在致外交部的电报中说：“近俄内讧益烈，广义派（布尔什维克）势力益张，要求操政权，主和议，并以暴动相挟制。政府力弱，镇压为难，恐变在旦夕。”发报时起义正在酝酿中，尚未爆发。次日，刘镜人又发了一个电报，对彼得格勒起义作了详细的报告：“广义派连合兵、工反抗政府，经新组之革命军事会下令，凡政府命令非经该会核准，不得施行。昨已起事，夺国库，占车站……现城内各机关尽归革党掌握，民间尚无骚扰情事。”

1917年11月7日，俄国爆发了伟大的十月社会主义革命，开辟了人类历史的新纪元。图为列宁宣布苏维埃政权成立（油画，作者〔苏〕弗·谢罗夫）

由于十月革命后，北京与彼得格勒之间的电讯暂时中断，北洋政府外交部直到20天后的11月27日才接到刘镜人7日的来电，11月28日接到刘镜人8日来电。但这些电报的内容，只有少数政府官员能够获知，大多数的中国老百姓主要靠报纸上发表的报道来了解十月革命。

上海《民国日报》、《申报》和《时事新报》在中国国内最早报道十月革命胜利的消息。1917年11月10日，即十月革命爆发后的第三天，《民国日报》、《申报》和《时事新报》根据伦敦路透社的电讯稿，同时报道了关于十月革命的消息。《民国日报》是孙中山领导的国民党人在上海创办的进步报纸，它在要闻版头条位置，以“突如其来之俄国大政变”的醒目黑体大字作标题，报道了“彼得格勒戍军与劳动社会已推倒克伦斯基政府”，“美克齐美尔党（过激党，指布尔什维克党）占据都城”，“新政府即将提出公正之和议并分土地与农民及召集民选国会”的消息，并明确指出俄国此次革命的“主谋者为里林氏（列宁）”。报道称“昨日（11月7日）下午军工代表会（全俄工农兵苏维埃第二次代表大会）开特别会议，会长特罗兹基氏（托洛斯基）宣称，临时政府不复

民國日報

要聞

北京政府之命令

突如其來之俄國大政變

十月革命后第三天，上海《民国日报》刊登的俄国十月革命消息

存在，大员数人已被逮捕，临时国会业经解散”。报道还着重介绍了列宁于11月7日晚在全俄工农兵苏维埃第二次代表大会上的演说，写道：“里林氏演说提出俄国民治三大问题：（一）即行结束战局，新政府必须向交战国提议休战；（二）以土地还给农民；（三）解决经济困难。”末了还说，“听者大为欢呼”。《申报》和《时事新报》也作了类似的报道。此后，上海各报刊都分别在“要闻”“国外大事”“欧洲电讯”等栏目中以大量篇幅连续报道有关十月革命的消息，这些报道使广大民众大开眼界，引起极大的关注和热议。

京津民众也很快得到消息。11月11日，北京《晨钟报》据伦敦路透社消息报道说：“极进党占据该城（彼得格勒），拘捕临时政府之内阁员。首领黎宁氏（列宁）要求即行停战订和约云云。”又说：“7日下午，兵士（工）委员（会）开非常会议，会长杜士楷氏（托洛茨基）宣告临时政府现不存在，内阁员半（数）已就捕。暂行之国会亦已解散。同日，天津《益世报》以《俄国军工代表推倒新共和政府》为题，客观报道了十月革命，说“军工代表议会告示全国各省军工委员，授彼等以全权推倒现政府，释放被捕各农工，擒捕前掳农工之党人，取消政治犯死刑，继续在前敌传道释放因政治革命被捕各军官，严拿某某等五阁员”。报道还提到，“闻俄总理克兰斯基氏（克伦斯基）已得逃脱，目下四处严拿，如有收藏不报者以国贼论”。此后，天津报刊不断刊出有关十月革命的消息，列宁（里林、黎宁、莲林、李宁）的名字，时常出现在天津的报刊上。

十月革命的消息也很快传到了两湖地区。11月12日，湖北《汉口新闻报》刊登《东京专电》称：“得俄国危急形势之报告”。第二天，《汉口新闻报》和《大汉报》均播发了东方通信社的专电，说“因俄国政变，股票界有多少摇动。一切事情尚未判明，颇为悲观”。与此同时，《大汉报》还发表《俄国之大政变》的通讯，介绍了十月革命的情形。11月23日，《大汉报》还以《俄国政变中心之兵士委员会》为题，介绍了兵士委员会（或译劳兵会，即工农兵代表苏维埃）的情况，文中第一次出现了“列宁”的中文名字。以后，在有关俄国革命与建设的报道中，列宁的名字与消息频频出现。

与湖北相比，十月革命的消息传入湖南要稍晚些。11月17日，即十月革命之后的第10天，湖南才得到十月革命胜利的消息。当日，长沙《大公报》在《俄京二次政变记》的消息里，透露了“俄国反对党现已占据俄京电局及京城全部”，“反对党首领林莲氏（列宁）”，“俄京内之防军及兵队现亦一致反对克兰基（克伦斯基）内阁”。

1917年11月23日，即十月革命后的第16天，广州《广东中华新报》以《俄国京都大乱》为标题，报道了这场震惊世界的十月革命胜利的消息，称“8日俄京守卫军与劳兵会共起骚动”，“俄京已为过激党占领”。11月26日，该报又发表短评，预言俄国革命对中国的影响，将“较他国为尤甚”。此后，该报多次报道俄国苏维埃政府的消息和“时事述评”。12月28日，这家报纸报道说，苏维埃政府“势力愈盛，地位是益巩固……将来或可统一全国”。同日又发表题为《李年（列宁）胜利之原因》的时事述评，指出：克伦斯基已经失败，“人望尽去”；而布尔什维克“所主张之共产主义，最得平民劳动者之欢心”。

与此同时，全国其他地方报纸也陆续报道了十月革命胜利的有关消息。在不长的时间里，这个消息便广泛、迅速地在中国各地传遍。

在与苏俄毗邻，又有中东铁路贯通其间的黑龙江，十月革命获得胜利的消息几乎没有隔夜就传到省内。中东铁路工人、革命士兵为之热烈欢呼和庆祝。11月12日，在哈尔滨的俄国社会民主工党（布）发表了《告满洲全体公民书》，号召全体公民支援俄国人民的革命斗争，“支持他们对资本家、地主及前临时政府所进行的斗争”。11月20日，哈尔滨铁路总工厂俄国工人和士兵召开大会。会上，通过了承认苏维埃政权的决议，中国工人应邀参加了大会。与此同时，在哈尔滨的俄国工人士兵代表苏维埃召开紧急会议，成立革命军事委员会，并根据苏俄政府外交人民委员会的指示，于12月14日发布命令，解除霍尔瓦特中东铁路管理局局长的职务，任命布尔什维克党党员斯拉文主持管理局业务与外交活动。虽然这一夺权斗争遭到中外反动势力的镇压，但它却给予中国工人和民众以深刻的革命影响。

俄国十月革命初期，由于对其情况了解和认识的不一，中国报纸杂志上的消息和评论五花八门，甚至带有明显的贬义。随着俄国革命局势的稳定，列宁和苏俄政府开始重视同中国人民建立友好关系，密切注视中国革命的发展并愿意给予力所能及的帮助。此后国内舆论的态度也日渐清晰，对苏俄的正面宣传也逐渐增多。1918年2月，中国报纸上刊登了苏俄政府宣布废除不平等条约的消息。2月15日，《申报》报道说：“俄国过激派政府于俄历一月二十五日公布公文声明，凡过激派政府以前之政府所缔结之一切国际条约，限于一千九百十八年一月末日以后概行作废。”4月20日，《劳动》杂志第一卷第二号发表署名“持平”的《俄罗斯社会革命之先锋李宁事略》的文章，赞扬十月革命说：

> 现在我们中国的毗邻俄国，已经光明正大的做起贫富一班齐的社会革命来了。社会革命四个字，人人以为可怕，其实不过是世界的自然趋势。现在社会不善的原因，以后处处皆要发现的，毫不稀奇。

俄国十月革命的胜利使苦难的中国人民受到极大鼓舞，给面临日益深重危机的中华民族带来了出路和希望，给千百万正在黑暗中摸索的中国先进分子指明了方向，他们开始把目光从西方转向东方，从欧美转向俄国，从资产阶级民主主义转向科学社会主义。正如刘少奇所指出的：

> 这个革命（指俄国十月革命）把全世界想要革命但又没有找到出路的人都惊醒了。特别是在中国，我们那时感觉到了亡国灭种的危险，但又不晓得朝哪里跑，这一下就有办法了。

四　为中国引来马克思主义的『天火』

俄国十月革命惊醒了正在苦苦寻找出路的中国先进分子，他们看到了民族解放的新希望，找到了学习和遵循的榜样，犹如在黑暗中见到了光明。他们逐渐抛弃建立资产阶级共和国的理想，开始宣传和研究十月革命和马克思主义，中国出现了第一批赞成俄国十月革命、具有初步共产主义思想的知识分子。在新文化阵营中，最先起来欢呼俄国十月革命并率先举起马克思主义旗帜的是新文化运动的领袖之一李大钊。

李大钊（1889—1927），字守常，河北乐亭人

俄国十月革命胜利的消息传入中国后，李大钊受到极大的鼓舞和启发，他敏锐认识到这场革命将对20世纪世界历史进程产生划时代的影响，从中看到民族独立和人民解放的希望。他开始抛弃早年主张的仿效西方建立资产阶级共和国的幻想，转而选择了走俄国十月革命的道路和马克思列宁主义。他后来在《十月革命与中国人民》一文中指出：“我们劳苦的民众，在二重乃至数重压迫之下，忽然听到十月革命喊出的

‘颠覆世界的资本主义’、‘颠覆世界的帝国主义’的呼声，这种声音在我们的耳鼓里，格外沉痛，格外严重，格外有意义。”因此，他积极向友人宣传和介绍俄国十月社会主义革命的情况，林伯渠回忆说：“约在一九一八年三、四月，连续接到李大钊同志几次信，详细给我介绍了十月革命情况及一些小册子、文件，并对目前中国形势阐述了他的所见，得到很大的启发。”和李大钊同在日本留学的高一涵也回忆说：

> 早在东京留学时，他（李大钊）就接触到马克思的学说了。那时，日本东京帝国大学的经济学教授河上肇博士已将马克思的《资本论》译成日文，河上肇博士本人也有介绍马克思学说的著作。守常接触马克思主义，就是通过河上肇博士的著作。一九一七年，十月革命的消息不断传来，守常又认识俄国的外交人员。同时，布哈林的著作《共产主义ABC》的英文译本也有了。这种种因素，加深了守常对马克思主义和十月革命的认识。

经过半年多的深刻反省和独立思索，1918年7月1日，李大钊在《言治》季刊第3册上发表了《法俄革命之比较观》，第一次对俄国十月革命作了深刻分析，明确指出了1917年俄国十月革命和1789年法国资产阶级革命的本质区别，指出“俄罗斯之革命是二十世纪初期之革命，是立于社会主义上之革命”，同法国大革命预示着世界进入资产阶级革命时代一样，俄国十月革命预示着社会主义革命时代的到来。针对当时的混乱报道，他独具慧眼，告诉中国人民不要因为“一时之乱象”而“抱悲观”，而应“翘首以迎其世界的新文明之曙光”。

1918年11月11日，历时4年之久的第一次世界大战结束，德国战败投降，中国参加的协约国方面取得胜利。消息传到北京，掀起了一阵不小的庆贺战胜的热潮。陈独秀在《克林德碑》这篇文章中对当时的情景作了生动的描述：

> 京中各校十一月十四、十五、十六放假三天，庆祝协约国战胜。旌旗满街，电彩照耀，鼓乐喧阗，好不热闹。东交民巷以及天安门左近，游人拥挤不堪。万种欢愉声中，第一欢愉之声，便是“好了好了，庚子以来举国蒙羞的‘石头牌坊’（克林德碑，北京人通称呼石头牌坊），已经折毁了”。

11月15日和16日，为庆祝协约国胜利，北京大学连续两天在天安门前搭台举办讲演大会。讲演者有蔡元培、陈独秀、李大钊、胡适等知名教授。李大钊在大会上作了《庶民的胜利》的演讲。11月28日至30日，北京大学又于每天下午在中央公园（今中山公园）举办讲演大会。李大钊又一次登台讲演《庶民的胜利》。这篇著名演讲和稍后写作的《Bolshevism[①]的胜利》均刊载于1919年1月出版的《新青年》第五卷第五号上。

BOLSHEVISM的勝利
李大釗
關於歐戰的演說三篇
庶民的勝利
李大釗

1919年1月出版的《新青年》第五卷第五号上刊登的《庶民的胜利》和《Bolshevism的胜利》

① Bolshevism，即布尔什维主义。

在这两篇文章里，针对协约国列强及中国北洋政府肆意庆祝胜利，民众普遍迷惑于所谓“公理战胜强权”，李大钊通过深入的思考和研究，发出了催人猛醒的质问：这场战争获胜的“究竟是哪一个”？我们“究竟是为哪个庆祝”？李大钊进而指出，大战的胜利“不是联合国的胜利”，更不是那些“投机取巧卖乖弄俏的政客的胜利”，而是“庶民的胜利”，是“社会主义的胜利，是Bolshevism的胜利，是赤旗的胜利”。他特别指出，布尔什维克的主义“就是革命的社会主义”，“他们是奉德国社会主义经济学家马客士（Marx）为宗主的”。

针对北洋军阀政府对俄国十月革命极端恐慌和仇视，把马克思主义称为“过激主义”，当作“洪水猛兽”“异端邪说”，疯狂阻挠马克思主义传入中国，李大钊在文章中则勇敢地赞扬十月革命，指出十月革命所引起的世界革命潮流，“实非现在资本家的政府所能防遏得住的”。什么皇帝、贵族、军阀、官僚、军国主义、资本主义，“遇见这种不可当（挡）的潮流，都像枯黄的树叶遇见凛冽的秋风一般，一个一个的飞落在地”。他满怀信心地预言：“试看将来的环球，必是赤旗的世界！”可以看出，这时候的李大钊已经初步接受了马克思主义。

1919年1月5日，李大钊在《每周评论》第三号上发表了《新纪元》一文，他论述了俄国十月革命开辟的“这个新纪元是世界革命的新纪元，是人类觉醒的新纪元”。接着，他联系到中国的实际情况，指出：“我们在这黑暗的中国，死寂的北京，也仿佛分得那曙光的一线，好比在沉沉深夜中得一个小小的明星，照见新人生的道路。我们应该趁着这一线的光明，努力前去为人类活动，作出一点有益人类的工作。”他进一步提出：“劳工阶级要联合他们全世界的同胞，作一个合理的生产者的结合，去打破国界，打倒全世界资本的阶级。”“总同盟罢工，就是他们的武器。”

李大钊的这几篇文章，虽然还没有系统地介绍马克思的学说，但足以说明以李大钊为代表的中国先进分子在俄国十月革命的影响下，思想发展有了一个质的飞跃，开始用无产阶级的世界观作为观察国家命运的工具。这在中国思想史上是破天荒的第一次。在宣传十月革命过程中，李大钊迅速从一个爱国的民主主义者转变为一个马克思主义者。李大钊这些文章的发表，也标志着马克思主义在中国传播的开始。李大钊也因此成为中国最早的马克思主义者和马克思主义传播者。

李大钊除了在报刊上发表宣传十月革命和马克思主义的文章外，还团结一批先进分子组织社团，创办刊物，直接或间接领导和指导进步学生团体，介绍和研究十月革命，积极推动马克思主义的传播。

由于北洋军阀政府采用高压手段，严加防范“过激主义”“过激党”，试图禁止传播和研究马克思主义。1918年冬，李大钊在北京大学组织了一个研究马克思主义的学会“马尔格时学说研究会”。参加者高一涵回忆说：

> 我们不是用马克思，而是用马尔克斯这个名字，为的是要欺骗警察。他们回去报告，上司一听研究马尔萨斯（与马尔克斯相混），认为这是研究人口论的，也就不来干涉了，这个学会，先是公开的；后来就秘密起来。它的对内活动是研究马克思学说，对外则是举办一些讲演会。

由于《新青年》登载的多是学术性长篇文章，且出版周期长（每月一期），不能及时对局势作出深刻的反映。1918年12月22日，李大钊和陈独秀在北京发起创办《每周评论》。该刊登的多是短文，且出版周期短（每周一期，周日出版），聚焦时政，报道时事，分析时局，针砭时弊。它与《新青年》相互配合，是五四时期影响仅次于《新青年》的重要刊物。1919年4月6日，《每周评论》第十六号在“名著介绍”栏里，刊登了成舍我摘译的《共产党宣言》第二章“无产者和共产党人”的最后几段译文，有千余字。编者还加了这样一段按语：“这个宣言是马克思和恩格斯最先最重大的意见……其要旨在主张阶级战争，要求各地劳工的联合。是表示新时代的文书。”《每周评论》发表《共产党宣言》的这几段译文，突出介绍马克思主义关于阶级斗争的学说，为即将来临的五四革命风暴提供理论指导。

1918年6月30日，由李大钊等人发起筹备，1919年7月1日在北京正式成立了少年中国学会。该会在上海、南京、成都和日本东京等地设有分会或小组，先后入会的有120多人，是五四时期会员最多、活动时间最长、分布最广的青年社团之一。李大钊曾担任《少年中国》杂志的

1920年，少年中国学会的部分会员合影，右起第3人为李大钊

编辑主任，旗帜鲜明地介绍俄国十月革命，传播马克思主义。这个学会聚集了许多中国共产党早期的著名活动家，如毛泽东、张闻天、邓中夏、高君宇、恽代英、蔡和森、赵世炎等。

1919年3月，在李大钊的指导下，邓中夏组织了北京大学平民教育讲演团，北京的早期共产党员多数出自该讲演团。讲演团走上北京街头宣讲革命道理，动员群众参加反帝反封建的五四运动。五四运动后，讲演团除在城市讲演外，“注重乡村讲演、工场讲演”。这样就改变原来讲演的对象仅限于城市平民和小资产阶级知识分子的情况，使讲演团的活动范围扩大到了工人和农民中。讲演团到农村后，先放留声机吸引群众，然后再讲演，讲演的内容也更加丰富了。

此外，李大钊还担任著名学生社团国民社的导师和新潮社的顾问，对他们进行热情帮助和精心指导，其中多数成员特别是骨干分子在随后的五四爱国运动中都成为积极的参加者和领导者，许多青年在他的影响下接受了马克思主义。

在20世纪初北洋军阀反动统治的艰难环境中，李大钊不惧军阀政府的专制暴政，主张向俄国十月革命学习，为中国引来马克思主义的“天火”，如同希腊神话里的“盗火者”普罗米修斯，在沉沉黑夜的旧中国高擎起马克思主义的火炬，使马克思主义真理的光芒冲破阴霾照亮神州大地。林伯渠后来赋诗赞曰：

登高一呼群山应，从此神州不陆沉。大智若愚能解惑，微言如闪首传真。

五 苏俄发表对华宣言

1918年1月18日，苏俄外交人民委员托洛茨基照会中国驻俄公使刘镜人，要求解除俄国前公使库达舍夫和中东铁路管理局局长霍尔瓦特的职务，建议“中国政府筹办清理中东铁路问题的中俄联合委员会”，并表示愿意同中国政府谈判，在新的基础上建立两国关系。但是，北京政府追随协约国，对苏俄政府拒不承认，因而未能积极响应苏俄的建议。1918年2月前后，协约国各驻俄公使借口俄国内乱，纷纷撤离苏俄返国。北京政府随即效法，令中国驻俄公使撤离苏俄。3月3日，刘镜人启程回国。北京政府不顾苏俄政府的抗议，仍承认俄国前公使库达舍夫在北京继续行使其职权。这样一来，北京政府同苏俄政府事实上中断了外交关系。

1918年12月2日，苏俄中央执行委员会主席团决定“停止追偿”1901年《辛丑条约》所规定的“以偿付军费形式向中国索取的款额”，并且命令外交人民委员部知照中国政府，免除该条约规定的中国政府赔偿战费的义务。对于苏俄政府这个对中国十分有利的建议，当时以日本为靠山的皖系军阀段祺瑞所控制的北京政府不仅充耳不闻、置之不理，反而根据同年5月日本强迫签订的《中日陆军共同防敌军事协定》，派出4000人的部队奔赴海参崴交由日军司令官大谷指挥，加入了帝国主义各国对苏俄远东和西伯利亚地区的武装干涉。

整装待发的苏俄红军战士

1919年夏天，苏俄红军越过乌拉尔山，进军西伯利亚。为了进一步击溃日本帝国主义支持下盘踞苏俄远东和中国东北地区的、与苏俄继续对抗的谢苗诺夫匪帮，当时处境非常艰难的苏俄政府迫切希望得到北京政府的承认并建立正常关系，希望得到中国政府和中国人民的声援和支持，以利于在东方站稳脚跟，打破列强对它的围堵。在这个背景下，苏俄政府发表了第一次对华宣言。

7月25日，苏俄政府以副外交人民委员加拉罕的名义发表了《俄罗斯苏维埃联邦社会主义共和国政府对中国人民和中国南北政府的宣言》（简称《宣言》，又称“苏俄第一次对华宣言”）。

苏俄政府在《宣言》中宣布：一、废除1896年条约（1896年中俄密约和东省铁路合同)、1901年条约(八国联军之役的《辛丑条约》)以及1907—1916年俄日历次条约及密约;二、放弃“沙皇政府从中国攫取的满洲和其他地区,让这些地区的人民自己决定,他们愿意留在哪一国内,愿意在自己那里建立何种形式的政体”;三、将“中东铁路及其所有租让的矿山、森林、金矿与他种产业,无偿归还中国人民”;四、苏维埃政府承诺“拒绝接受中国因1900年义和团起义所付的赔款”;五、“废弃一切特权,废弃俄国商人在中国境内的一切商站。任何一个俄国官员,牧师和传教士都不得干涉中国事务,如有不法行为,应依法受当地法院审判。在中国,除中国人民的政权和法院,不应当有其他的政权和法院”;六、要求中国政府将“前沙皇驻北京公使和前沙皇驻华各地领事”(“诳人骗子”)驱逐出境。

《宣言》指出:“苏维埃政府准备与中国人民的全权(代表)就一切其他问题达成协议,并永远结束前俄国历届政府与日本及协约国共同对中国采取的一切暴行和不义行为。”

值得注意的是,《宣言》所称“废除旧约”,明确定为1896年及以后各项损害中国领土主权(包括俄国同其他国家签订)的不平等条约,但并不包括此前签订的《北京条约》等不平等条约,因此,不能将宣言中的“废除旧约”误读为列宁主张废除“所有”的历史上的不平等条约,包括19世纪下半叶签订的各项不平等条约,例如《瑷珲条约》《北京条约》等。即便如此,这对于当时面临国家被列强瓜分、处于水深火热之中的中国人民来说,能够得到苏俄政府的这种善待,是首开国际先例的。

1919年8月26日,《宣言》在苏俄《消息报》《真理报》上刊登。但是,当时苏俄处于帝国主义武装干涉与俄国内战的混乱之中,加之帝国主义列强对俄国实行严密封锁，俄国与外界邮电不通，《宣言》并没有立即传递给中国政府和中国人民。此后，日本扶持的皖系北京军阀政府对“苏俄第一次对华宣言”虽有所闻，但却听信日本对于该宣言的警告，采取抵制的态度。9月12日，段祺瑞以督办边防事务处的名义发布了第十九号训令，查禁苏俄对华宣言。这样，在帝国主义和北京军阀政府的严密封锁下，当时中国民众还不知晓《宣言》的具体内容。

1920年初，苏俄红军的军事行动接连取得胜利，帝国主义列强在西伯利亚的干涉遭到失败，英、美、法干涉军也纷纷撤退，北京政府紧随其后于1920年2月中旬宣布从海参崴撤军。西伯利亚的形势发生了有利于苏俄政府的重大变化。苏俄政府立即向各国开展外交活动，外交触角一直伸展到中国边境，以打开对华关系。

1920年3月2日，苏俄西伯利亚和远东外交事务全权代表蒋纯（杨松）受俄罗斯苏维埃联邦社会主义共和国外交人民委员部的全权委托，照会中国驻伊尔库茨克领事馆，“请贵领事将俄国革命人民对于中国人民所有之友睦感情，转达于中国人民及其政府”。为此，“特将1919年7月26日第1872号敝政府之国书递交贵领事，即请转呈贵国政府，并将该国书内容通告全中国人民”，他并以俄罗斯苏维埃联邦社会主义共和国的名义，要求中国领事转请中国政府尽快开始俄中和平谈判，以便解决苏俄政府《宣言》中所涉及的一切问题。

1920年3月26日，北京政府外交部收到驻伊尔库茨克领事馆转送的“苏俄第一次对华宣言”。但北京政府认为苏俄是开空头支票，一开始对《宣言》采取不予理睬、不予表态的办法。

与此同时，参加起草第一次对华宣言的外交人民委员会远东事务全权代表威连斯基将宣言条文带到海参崴，1920年3月19日在俄共（布）

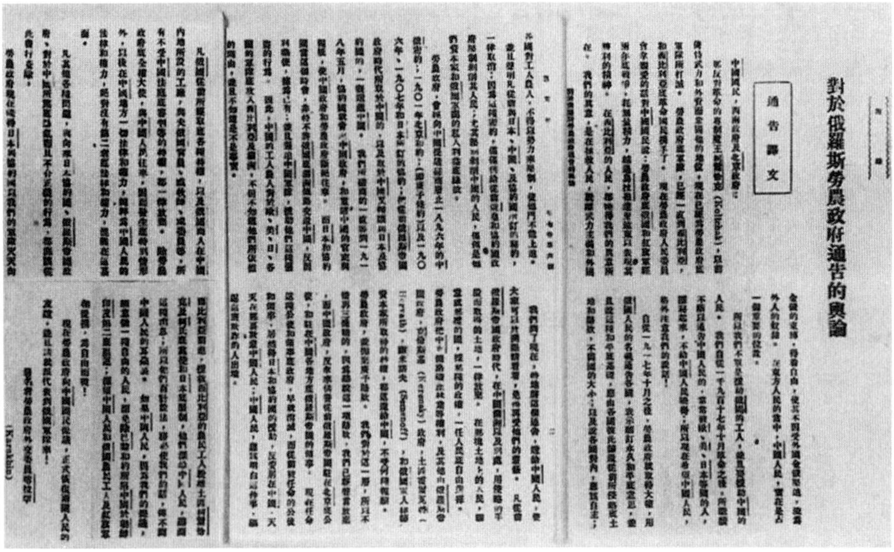
對於俄羅斯勞農政府通告的輿論

通告譯文

1920年5月1日，《新青年》第七卷第六号上刊登的“对华宣言”译文

远东委员会机关刊物《红旗》上刊出。在上海发行的同情苏俄的俄文报纸——《上海生活》从广播中获悉此宣言，3月25日披露于该报。3月27日，《申报》据海参崴消息全文登载了《宣言》，接着《晨报》《新青年》等国内各主要报刊纷纷转载。

苏俄政府的这个《宣言》，对于当时已逐渐觉醒、日益渴望废除不平等条约的中国人民来说，无疑具有巨大的诱惑力。苏俄政府显然希望与中国建立一种和平、平等的新型国际关系，与巴黎和会上西方列强粗暴地对待中国的合理要求形成了鲜明的对比。因此，《宣言》一经公布，立即在中国人民中间引起强烈的反响，中国社会各界尤其是知识界、思想界对苏俄的声明表示欢迎，并对苏俄政府充满感激之情。

1920年9月27日，苏俄副外交人民委员加拉罕署名发表了《俄罗斯苏维埃联邦社会主义共和国外交人民委员部致中国外交部照会》，即“苏俄第二次对华宣言”。

苏俄政府这次宣言与第一个宣言的精神基本相同，但在中东铁路问题上有所后退，取消了无偿归还中东铁路的一段文字，即："中东铁路及其所有租让的矿山、森林、金矿与他种产业，无偿归还中国人民"，改用"俄中两国政府同意为苏俄需要另行签订使用中东铁路办法的专门条约"。也就是说，铁路的所有权不变，仍归苏俄，而如何"使用"可以改变，但要满足"苏俄需要"。这就是说，苏俄政府收回了第一次宣言"无偿归还中东铁路"的承诺。

苏俄政府的两次对华宣言，反复宣布废除沙俄政府时代与中国缔结的不平等条约和放弃在中国攫取的领土、租界和特权，并表示希望与中国政府举行建交谈判。尽管苏俄出于维护自己国家利益的考虑，两次对华宣言在个别问题上存在差异，两次对华宣言的承诺后来也未能全部兑现，但这两个宣言都充分体现了列宁关于社会主义国家对外政策的基本原则，即尊重国家主权、国不分大小一律平等原则，表明了苏俄政府同沙俄侵华政策一刀两断的决心，体现了列宁、苏俄政府和苏俄人民对中国人民的友情，表达了苏俄政府和人民希望同中国政府和人民建立友好关系的热切愿望，因而受到中国各阶层人民的热烈欢迎。1923年12月17日，为纪念北京大学建校25周年而举行的民意测验明显地反映出中国人民对苏俄的好感。这次民意测验有这样一个问题："俄国与美国谁是中国之友？为什么？"参加测验的有工、商、学、政、军、警各界人士一共800余人。其中497人（约占60%）认为俄国是中国的朋友，认为美国是中国朋友的仅107人（约占13%）；其余262人认为俄、美均非中国之友，另有12人则认为俄、美均为中国之友。

苏俄政府两次发表对华宣言，吸引越来越多的中国先进分子关注苏俄的内外政策，激发了中国先进分子研究俄国十月革命、走俄国革命道路的热情，促使他们向马克思主义转变。因此，它对于扩大十月革命在中国的影响和马克思主义在中国的传播起到了重要的促进作用，并对之后中国共产党的成立也产生了重要的影响。

六　『走俄国人的路』

俄国十月革命开辟了人类历史的新纪元。十月革命深刻改变了人类历史发展进程，鼓舞了包括中国人民在内的全世界无产阶级和殖民地半殖民地被压迫民族的解放斗争，为他们树立了光辉的榜样，给他们指出了取得胜利的正确道路。毛泽东曾形象地指出："十月革命一声炮响，给我们送来了马克思列宁主义。十月革命帮助了全世界的也帮助了中国的先进分子，用无产阶级的宇宙观作为观察国家命运的工具，重新考虑自己的问题。走俄国人的路——这就是结论。"

鸦片战争后，帝国主义列强纷纷把侵略魔爪伸向中国，列宁曾愤怒地谴责道："欧洲各国政府（最先恐怕是俄国政府）已经开始瓜分中国了……它们盗窃中国，就像盗窃死人的财物一样。"腐败无能的晚清政府已经完全屈从于帝国主义列强，对外丧权辱国，对内加紧封建专制统治，中国逐步沦为半殖民地半封建社会，在20世纪初已经到了濒临灭亡的边缘。为了拯救灾难深重的祖国，不同社会阶级的仁人志士以不同的方式上下求索、英勇奋斗，并一度以西方资本主义国家为榜样。毛泽东在回顾这段历史时说：

自从1840年鸦片战争失败那时起，先进的中国人，经过千辛万苦，向西方国家寻找真理。洪秀全、康有为、严复和孙中山，代表了在中国共产党出世以前向西方寻找真理的一派人物。那时，求进步的中国人，只要是西方的新道理，什么书也看。向日本、英国、美国、法国、德国派遣留学生之多，达到了惊人的程度。国内废科举，兴学校，好像雨后春笋，努力学习西方。我自己在青年时期，学的也是这些东西。

然而，太平天国运动、戊戌变法、义和团运动、辛亥革命先后失败了。尤其是孙中山领导的辛亥革命的流产，证明在中国这样一个帝国主义和封建势力异常强大的半殖民地半封建国家，仿效西方建立资产阶级共和国是不可能的。中国先进分子陷入极度的痛苦和迷惘之中。

“民主主义破产了！我们的希望成了一个空，我们求生存求自由吗？我们应该怎样做？”李达在一篇文章中发出这样救世的呼唤。封建主义的老一套已经过时了，资本主义的道路又走不通，满怀报国之心的中国先进分子忧心如焚，中国的出路究竟在哪里呢？中国社会在震荡中苏醒、思考，在震荡中探索、变迁。

就在这个时候，俄国十月革命爆发了。由于十月革命发生在情况和中国相同（封建压迫严重）或近似（经济文化落后）的北方邻国，因而对中国先进分子具有特殊的吸引力。一个以工人为主体建立起来的工农兵苏维埃国家的诞生，使在黑暗中彷徨无计的中国先进分子受到极大震撼和激励，燃起了实现民族独立和人民解放的新希望。

十月革命的胜利促使中国先进分子思考：既然资本主义道路走不通，那么中国可不可以走俄国革命的道路？既然俄国人在马克思主义指导下赢得了工农大众的解放，那么中国人能不能运用这个武器改变自己的命运？俄国十月革命送来了马克思主义，教育和帮助千百万热血沸腾的中国先进分子，要用无产阶级世界观观察国家命运，重新考虑中国问题。

1918年5月，李大钊在一篇文章中向青年们号召：“我很盼望我们新青年打起精神，于政治、社会、文学、思想种种方面开辟一条新径路。”然而这条新路是什么，人们还不清楚。随着俄国十月革命胜利和苏俄建设社会主义的消息陆续传入国内，发生在邻国的无产阶级革命的胜利，把一个崭新的社会制度现实地摆到了中国先进分子的面前。也是在这一年，董必武在湖北利川从一所教堂借阅的英文报纸中获悉十月革命的消息。当时，他对列宁领导十月革命的胜利深感敬佩，一种从未有过的新思想在头脑中激荡。

董必武，1886年出生于湖北省黄安县（今红安县）一个清贫的教书先生家庭。他自幼受到良好的启蒙教育，17岁时考中秀才。青年时代，他目睹清朝政府的腐朽专制和西方列强对中国人民的欺压掠夺，以及劳苦大众过着牛马不如的生活，立志救国救民。他深受资产阶级民主思想的影响，信仰孙中山的三民主义。1911年10月10日，武昌首义爆发，正在黄安县城家中的董必武听到消息后，毅然割断辫子，告别了父母及新婚不久的妻子，连夜奔赴武昌起义前线投入战斗。此后，他便作为老同盟会员和中华革命党人，积极追随孙中山进行反袁护法斗争，从一个晚清秀才转变为反帝反封建的民主主义者。然而辛亥革命后中国社会的黑暗让他感到极大的苦闷和痛心，无数革命党人用鲜血换来的革命果实被袁世凯和北洋军阀所篡夺，皇帝虽然被赶跑了，但中国仍旧在帝国主义和封建主义的压迫之下。他在回忆自己思想转变的心路历程时说：

我们过去和孙中山一起搞革命，孙的路子不对头，总是靠军阀。革命发展了，孙中山掌握不住，结果叫别人搞去了。于是我们就开始研究俄国的方式。

1919年2月，董必武由湖北到达上海，与老同盟会员张国恩主持湖北旅沪同乡组织的湖北善后公会会务。旅沪期间，他结识了刚由日本留学回国的湖北潜江人李汉俊。他和李汉俊等人志趣相投，几乎天天见面，经常一起讨论俄国十月革命和布尔什维克的情况，并议论时局，讨论中国的出路。李汉俊还把自己从日本带回的许多介绍马克思主义和俄国十月革命的书刊推荐给董必武等人，董必武忍着穷困、冒着酷暑，如饥似渴地阅读和研究这些书刊。董必武回忆说：

董必武（1886—1975），湖北黄安（今红安）人

（李）汉俊介绍日本新出的杂志如《黎明》《改造》《新潮》等，我们虽然看不甚懂，也勉强去看。李汉俊告诉我们一些俄国的情况，告诉我们一些马克思主义……说要搞俄国的马克思主义。

与李汉俊的结识，彻底改变了董必武的人生道路。从与李汉俊等人的讨论和对马克思主义著作的研读中，董必武逐渐认识了俄国革命和布尔什维克党，并将俄国革命与中国革命进行比较，他感到："俄国革命中列宁党的宗旨和工作方法与孙中山先生革命的宗旨和工作方法迥然不同……中国还是要革命，要打倒列强，要除军阀，要建立民主制度，要唤醒民众。国民党一套旧的搞军事政变的革命方法，行不通了，应改为一种能唤醒群众、接近群众的方法”。他最终得出了一条清晰的结论：

中国的独立，走孙中山的道路是行不通的，必须走列宁的道路。

从此，董必武的思想发生了质的飞跃，开始树立起对马克思主义的信仰，并义无反顾地与资产阶级民主主义革命的道路、方法决裂，实现了由激进的民主主义者到共产主义者的根本转变。

第一次世界大战充分暴露了帝国主义的侵略本性和资本主义社会的种种弊端，使中国先进分子强烈感受到资本主义制度已经失去光明前途，由此对资本主义制度开始产生怀疑乃至动摇。他们认为：中国社会固然要改造，但是要朝着不同于西方资本主义的方向改造。战后，中国作为战胜国在巴黎和会上却得不到应有的尊重，主权受到西方列强的肆意践踏，由此引发学生游行示威，进而发展成为五四爱国运动。与西方列强对中国的冷漠和背叛形成鲜明对比的是，苏俄政府两次发表对华宣言，宣布放弃沙俄从中国攫取的土地与特权，受到中国各阶层人民的广泛赞扬。同时这也促使中国先进分子的思想天平发生倾斜，他们经过痛苦的反思后开始放弃资产阶级共和国方案，转而对社会主义苏俄产生强烈的兴趣，在报刊上热情介绍俄国十月革命，竞相宣传社会主义。

五四运动后，社会主义学说开始成为新思潮的主流，在思想界广泛传播。然而当时社会主义学说十分庞杂，既有马克思主义的科学社会主义和俄国的布尔什维主义，也有无政府主义、工团主义、互助主义、新村主义、合作主义、基尔特社会主义、伯恩施坦主义等各式各样打着

"社会主义"旗号的思想流派，五花八门，令人眼花缭乱，使得这些初出茅庐的青年人分不清科学社会主义与其他社会主义流派的界限，他们对于社会主义的理解，如同瞿秋白所说，"隔着纱窗看晓雾"，"不十分清晰的"。

为了探索中国救亡图存之路，中国先进分子深入思索和亲身实践，通过到民间去、到工人中去、到国外去等各种途径，或深入到乡村进行社会调查，了解民众的疾苦；或到工厂做工，亲身体验工人阶级的生活；或到法国、英国、德国等国勤工俭学，对这些西方资本主义国家进行实地考察。经过反复的思考、分析和比较，他们终于从五光十色的"社会主义"思潮中选择了马克思主义，最终找到了挽救民族危亡的根本出路——走十月革命开辟的社会主义道路，"走俄国人的路"成为越来越多中国人的共识。

留法的勤工俭学学生直接投身到资本主义的工厂企业中从事生产活动，逐步认识到资本主义剥削的残酷性，从而接受了科学社会主义的学说。图为参加矿山劳动的四川勤工俭学生同法国工人合影

青年李维汉亲身感受到民族的屈辱和社会的苦难，热切寻求救国救民的真理，在长沙求学时就参加了毛泽东、蔡和森组织的新民学会。

怀着改造社会、改造中国的理想，1919年10月，李维汉和张昆弟、李富春等162人赴法国勤工俭学。到达法国后，他曾受无政府主义和空想社会主义思潮的影响，最初并不赞成"俄式革命”。李维汉在1920年8月28日写给毛泽东的信中说，“俄国式的革命，我根本上有未敢赞同之处”。后来，在中国早期马克思主义者蔡和森的积极帮助和影响下，加上他对马克思主义著作的集中阅读和马克思主义基本原理的悉心研究，以及欧洲工人运动的熏陶，李维汉逐步由信仰工读主义转变为信仰马克思主义。李维汉回忆说：

我同和森做了多次长谈，涉及范围很广……通过阅读和谈话，使我深知只有走十月革命的道路才能达到“改造中国与世界”的目的。

李维汉彻底抛弃工读主义的幻想，是在经历了1921年留法勤工俭学学生举行的较大规模的政治斗争之后，特别是进占里昂大学的斗争。李维汉后来回忆说：

这一次斗争出现了勤工俭学界在空前规模上的新的联合和新的觉醒。许多人抛弃各种各样不切实际的幻想，接受了马克思主义，走上了十月革命的道路。

俄国十月革命对中国革命最重要最深远的影响是推动了马克思主义的传播，促使中国先进分子开始用马克思主义观察、思考中国的命运问题。虽然他们各自的人生轨迹不同，但他们从俄国十月革命的启示和西方资本主义的社会政治危机中，敏锐地感受到世界历史潮流的深刻变化，经过反复的比较、推求和各自的摸索，逐步在实践中得出向俄国革命学习、“走俄国人的路”的结论，最后殊途同归地走上了马克思主义的社会革命道路，成为具有初步共产主义思想的革命者。

七　赵家楼的火光

在新文化运动民主和科学思想的启蒙下，在俄国十月革命的影响下，中国爆发了五四爱国运动。新文化运动的摇篮北京大学，成为五四学生运动的策源地。中国在巴黎和会上的外交失败，则成为五四爱国运动的导火线。

1918年11月11日，德国与协约国方面签署了停战协定，历时4年之久的第一次世界大战以协约国方面胜利、德奥同盟国失败而宣告结束。1919年1月18日，协约国在法国巴黎的凡尔赛宫召开“和平会议”(巴黎和会)。参加巴黎和会的有英、法、美、日、意及中国等20多个

巴黎和会会场

国家的代表。这次会议实际上是帝国主义国家的一次分赃会议。美、英、法3个国家操纵会议。中国作为战胜国，北京政府派出外交总长陆征祥和驻美公使顾维钧、南方军政府代表王正延、驻英公使施肇基、驻比公使魏宸祖5名代表参加巴黎和会，陆征祥为首席代表。

此前1918年1月，第一次世界大战即将结束时，美国总统威尔逊在国会发表演说，对战后国际新秩序提出了著名的“14点原则”，其中包括反对国与国之间订立秘密协定，倡议设立国际联盟，以维护各国的政治独立和领土完整等。同年9月，威尔逊在演讲中又说，“此次战争，非国际政客之战，系人民之战。将来议和，应以无偏倚之公道为原则”。威尔逊的这些言论在中国轰动一时，令国人大喜过望，以为中国将不再受列强欺凌了。广大民众尤其是知识分子和青年学生对巴黎和平会议也充满了不切实际的期待与幻想，指望在会上能以战胜国的身份，收回被劫夺的权益，改变自鸦片战争以来的受辱地位，争得与列强平等的地位。

巴黎和会开始时，中国代表在和会上提出了7项要求：（1）废除外国在中国的势力范围；（2）撤退外国在中国的军队和巡警；（3）裁撤外国邮局及有线无线电报机关；（4）撤销领事裁判权；（5）归还租借地；（6）归还租界；（7）关税自主。不久，在中国留欧学生的强烈要求下，中国代表又向和会提出取消1915年5月25日日本与袁世凯签订的中日协约（“二十一条”）及换文等要求。然而，中国这些正当要求在提交到和会最高会议时，都遭到了拒绝，认为不在和会讨论之列。

这样，中国剩下的唯一希望就是山东问题能够顺利解决。1月27日，巴黎和会在讨论战前德国的殖民地处置问题时，讨论了中国的山东问题。中国代表提出，德国作为战败国，第一次世界大战前它在中国山东攫取的各项权益应直接归还中国，但遭到日本代表的坚决拒绝。日本代表声称，它在大战期间强占的德国在胶州湾的租借地、胶济铁路以及德国在山东的其他特殊权益，应该无条件让与日本。中国代表虽据理力争，但英、法等国偏袒日本。4月17日，美国代表提出由5国共管山东的方案，再次遭到日本的拒绝。4月30日，英、法、美三国在最后议定的巴黎和约条款中，完全按照日本的意愿，规定由日本继承德国在山东的一切权益。至此，中国代表在和会上关于山东问题的交涉完全失败。和会给予中国的，只是归还八国联军侵占北京时被德国夺去的天文仪器而已。中国以战胜国的资格却得到了战败国的待遇，而北京政府竟通电中国代表，居然准备在这个丧权辱国的和约上签字。

巴黎和会的噩耗传到国内，舆论鼎沸，群情激奋。曾经对和会抱有极大幻想的民众醒悟过来，所谓“公理战胜强权”，所谓威尔逊“14点原则”，完全是骗人的空话。长期积郁在人们心中的愤怒像火山一样喷发了。

1919年5月2日，北京大学校长蔡元培从总统府外交委员会委员长汪大燮那里得知，国务院已发出密电令中国代表在巴黎和约上签字。他当即把这个消息告诉了北大学生许德珩、罗家伦、傅斯年、段锡朋等人。许德珩回忆说：

> 5月2日，我从蔡校长那里听到了这个晴天霹雳的消息，便约集参加国民杂志社的各校学生代表，当天下午在北大西斋饭厅召开了一个紧急会议，讨论办法。高工的一位学生代表夏秀峰当场咬破手指，写血书，大家激动得眼里要冒出火来。于是发出通知，决定5月3日（星期六）晚7时在北河沿北大法科（后来的北大三院）大礼堂召开全体学生大会，并约北京13个中等以上学校学生代表参加。

5月3日晚7点，北京大学法科大礼堂聚集着北大1000多名学生和北京十几所学校的代表，共同商讨行动对策。张国焘、许德珩、谢绍敏等人争相登台讲演，慷慨激昂，声泪俱下，痛斥欧美列强的虚伪和政府的软弱，号召奋起救国。有人甚至捶胸顿足，痛哭失声。法科学生谢绍敏当场咬破中指，撕下衣襟，血书“还我青岛”四个大字。大会当场议决：

（一）联合各界一致力争；（二）通电巴黎专使，坚持和约上不签字；（三）通电全国各省市于5月7日国耻纪念日举行群众游行示威运动；（四）定于5月4日（星期日）齐集天安门举行学界大示威。

5月4日下午1时许，北京大学等13所大中专学校的学生3000余人，从四面八方汇集天安门，围立在金水桥前的两个华表之下。学生们手持各种颜色的小旗，上面写着“取消二十一条”、“还我青岛”、“保我主

北京大学示威游行的队伍向天安门进发

权”、“诛卖国贼曹汝霖（时任交通总长，订立‘二十一条’时为外交次长）、章宗祥（时任驻日公使）、陆宗舆（时任币制局总裁和中日合办的中华汇业银行总裁，订立‘二十一条’时为驻日公使）”、“拒绝和约签字”等口号。

学生们在天安门汇合以后，北京大学学生代表在会上宣读了由许德珩、罗家伦分别用文言文、白话文起草的宣言。宣言呼吁全国工商各界，团结起来召开国民大会，“外争主权，内除国贼”。接着，学生们举行了示威游行。游行队伍高呼口号，沿途散发传单，向东交民巷使馆区进发，准备向各国使馆请愿，但在东交民巷西口遭到军警和使馆巡捕的阻拦。热血沸腾的青年学生们在烈日下等了很久，已经忍无可忍，人群中有人大喊“大家往曹汝霖家里去！”曹是签订“二十一条”的责任人之一，他和章宗祥、陆宗舆又是段祺瑞政府对日本借款和签订军事协定的经办人，三人一向被视为著名的亲日分子。许德珩后来在京师地检厅回答问询时也提道：“我们因东交民巷是中国地竟不准中国人走进，想起中国外交屡次失败，无不与曹汝霖有关。”于是游行队伍改道奔向赵家楼胡同的曹汝霖住宅，打算找曹汝霖算账。

下午4时许，浩浩荡荡的游行队伍来到了曹宅门前，只见曹宅几个铁门紧闭，门外警察林立。学生们高喊“卖国贼曹汝霖快出来见我！”，并和阻拦的警察发生争执。匡互生、罗汉、罗章龙等几个学生乘警察不备，打破窗口玻璃跳入院内，并从里面把大门打开，潮水般的人群随即冲进了曹宅。曹汝霖和正在曹宅的章宗祥一看学生们闯了进来，知道大事不好，迅速躲了起来。曹汝霖侥幸逃脱了学生们的追打，他晚年回忆道：

游行队伍因在使馆区受警察拦阻，愤而转向赵家楼胡同曹汝霖住宅。学生痛打了正在曹家的章宗祥，火烧了赵家楼。图为冲向赵家楼的学生

我于仓猝间避入一小屋（箱子间），仲和（章宗祥）由仆引到地下锅炉房（此房小而黑）。……我在里面，听了砰然一大声，知道大门已撞倒了，学生蜂涌（拥）而入，只听得找曹某打他，他到那里去了。……我妇正锁了房门，独坐房中，学生即将铁杆撞开房门，问我在那（哪）里。妇答，他到总统府去吃饭，不知回来没有？……我在小室，听得逼真。……我想即将破门到小屋来，岂知他们一齐乱嚷，都从窗口跳出去了，这真是奇迹。

愤怒的学生们没有找到曹汝霖，却遇到了从锅炉房跑出的章宗祥。章身穿晨礼服，学生以为他就是曹汝霖，遂将他围住痛打一顿。一个学生看到卧室陈设得太华丽，“十分气愤，就用火柴把绿色的罗纱帐点燃了”，引发了大火。这就是中国现代史上著名的“火烧赵家楼”。

这位放火的学生，正是率先跳入曹宅并打开宅门的北京高等师范学校数学系学生匡互生。目击者周为群回忆：

> 学生群众走进曹宅，先要找卖国贼论理，遍找不到，匡互生遂取出预先携带的火柴，决定放火。事为段锡朋所发现，阻止匡互生说：“我负不了责任！”匡互生依然回答：“谁要你负责任，你也确实负不了责任。”结果仍旧放了火。

不久警察总监吴炳湘带领大批军警赶到，逮捕了未及散去的许德珩等32名学生。

为了营救被捕学生，5月5日，北京中等以上学校学生联合罢课，并通电全国表示抗议。5月6日，“北京中等以上学校学生联合会”宣告

上海商界罢市，举行声援学生的游行

成立。北京学生的爱国运动，迅速波及全国，引起各阶层人士的广泛声援。迫于全国舆论的压力，5月7日，北洋军阀政府释放了全部被捕学生。不久同情学生爱国行动的北大校长蔡元培被迫辞职并出走，再次引发北大师生的抗议。5月19日，北京各校2.5万名学生再次宣布总罢课。他们走上街头举行爱国讲演，并开展提倡国货、抵制日货、组织护鲁义勇军等活动。

1919年6月1日，北洋军阀政府公然“表彰”被民众斥为卖国贼的曹汝霖、章宗祥、陆宗舆并再次严令取缔学生的爱国行动，6月3日，北京学生重新走上街头演讲，北洋军阀政府大肆逮捕学生，近千名爱国学生遭到逮捕。天津、上海和其他一些城市的学生，纷纷响应北京学生，进一步举行抗议行动。

正当学生们顽强坚持斗争的时候，中国工人阶级开始以独立的姿态登上政治舞台。从6月5日起，上海工人自动举行声援学生的罢工，几日内，罢工工人达到六七万人。随后，北京、唐山、汉口、南京、长沙等地工人也相继举行罢工，许多大中城市的商人举行罢市，形成工人罢工、学生罢课、商人罢市的“三罢”高潮，抗议斗争如燎原之火迅速燃遍大江南北，扩展到全国20多个省区100多个城市。五四运动就这样突破了学生、知识分子的狭小范围，发展成为有工人阶级、小资产阶级和民族资产阶级参加的全国规模的群众性反帝爱国运动。在全国人民的强大压力下，北洋军阀政府不得不于6月10日释放全部被捕学生，并罢免曹、章、陆的职务。6月17日，北京政府违背全国人民的意愿，悍然决定在巴黎和约上签字。北京、上海等地的学生、工人和市民群众继续开展坚决拒签和约的斗争。6月27日在巴黎，旅法华工、留学生和华侨数百人前往陆征祥所住医院，强烈要求拒签和约。次日，中国代表没有出席巴黎和约的签字仪式。五四爱国运动的直接目标取得了伟大的胜利。

五四运动是近代中国革命史上具有划时代意义的事件，标志着新民主主义革命的伟大开端。五四运动推动了中国社会进步，促进了马克思主义的广泛传播及其与工人运动的结合，为中国共产党的成立作了思想上和干部上的准备。

八 李大钊播撒『火种』

“三姐夫，听说你在北京当大学教授?”“嗯呐。”

“那教授，平时都干啥?”“点种!”

“三姐夫逗我呢，点种那不是我们庄稼人干的活吗?”“我点的，是不一样的‘种’。”

这是1918年夏天，李大钊回河北乐亭老家过暑假时与一位妻弟聊的家常。

这样一番意味深长而又不失幽默的对话，直到多年以后，人们才明白：原来李大钊当年点的是革命的“种”，是共产主义的“种”。

1919年10月，李大钊为《新青年》主编的“马克思主义研究专号”(第六卷第五号)

五四运动后，中国思想界经历了一次巨大的震荡，传播马克思主义成为新文化运动的主流，《新青年》转变为宣传马克思主义的主要阵地之一。1919年10月，李大钊把自己负责编辑的《新青年》第六卷第五号编成“马克思主义研究专号”，刊登了《马克思的唯物史观与贞操问题》（陈启修，即陈豹隐）、《马克思奋斗生涯》（渊泉译，渊泉即陈溥贤）、《马克思的唯物史观》（渊泉译）、《马克思学说》（顾兆熊，即顾孟余）、《马克思学说的批评》（凌霜，即黄凌霜）、《俄国革命之哲学的基础（下）》（起明译，起明即周作人）、《马克思传略》（刘秉麟）、《我的马克思主义观》（上）（李大钊）8篇有关马克思和马克思主义的文章。尽管这期“专号”收集的文章研究立场各不相同，但“专号”对马克思主义在中国的早期传播起到了有力的推动作用。

李大钊在他亲自撰写的两万多字长文《我的马克思主义观》中，第一次对马克思主义作了比较全面、系统的介绍。该文充分肯定马克思主义的历史地位，称其为“世界改造原动的学说”。与以往一些文章对马克思主义所作的片断的、不确切的表述不同，李大钊的这篇文章系统地介绍了马克思主义的唯物史观、政治经济学和科学社会主义的基本原理，并指出“他这三部理论，都有不可分的关系，而阶级竞争说恰如一条金线，把这三大原理从根本上联络起来”。这篇文章在当时思想界产生重大影响，不但表明李大钊完成从民主主义者向马克思主义者的转变，而且标志着马克思主义在中国进入比较系统的传播阶段。此后，李大钊相继发表了《物质变动与道德变动》《马克思的历史哲学》《由经济上解释中国近代思想变动的原因》《阶级竞争与互助》等重要文章，大张旗鼓地介绍和宣传马克思主义。

在马克思主义传播的过程中，中国南北方各形成了一个宣传马克思主义的中心。北方是北京，南方是上海。这两个中心，先后同湖北、湖南、浙江、山东、广东、天津和海外的先进分子建立联系，从北京、上海分别向各地辐射，促进了马克思主义的广泛传播。

1920年3月，李大钊与邓中夏、罗章龙等19人在北京大学秘密发起

1920年3月，李大钊等在北京大学秘密发起组织马克思学说研究会。次年11月正式公开征求会员。图为部分会员合影。左起，前排：3为范鸿劼，5为罗章龙，6为何孟雄，8为缪伯英（女）；后排：7为邓中夏

成立“马克斯学说研究会”。研究会“以研究关于马克斯派的著述为目的”，“对于马克斯派学说研究有兴味的和愿意研究马氏学说的人，都可以做本会底会员”。因研究会发起者和会员大多是北大学生及旁听生，又称北京大学马克思学说研究会。这是中国最早的一个学习、研究和传播马克思主义的团体。

1921年11月17日，《北京大学日刊》登载《发起马克斯学说研究会启事》，对外公开宣告马克思学说研究会成立。从成立到对外公开为什么隔这么长时间呢？这是因为当时北洋政府敌视马克思主义和苏俄，社会舆论也称之为“过激派”。1920年4月，北洋政府致电各省区督军、省长、都统，饬令他们对所谓“过激主义”严加防范。因此，在这一年多时间里马克思学说研究会处于秘密活动状态。罗章龙回忆说：

马克思学说研究会开始是一种秘密团体，因为当时社会上嫉视马克思主义，认为它主张“过激”，形同“洪水猛兽”。在我们对此还未深入研究时，为了不致引来不必要的干扰和非议，我们暂时保

持秘密状态，更有利于会员致力于马克思主义、列宁主义和十月革命文献的研究。

启事刊出后，在李大钊的积极推动下，一大批学生运动中的积极分子参加，会员发展迅速。据罗章龙回忆，研究会1921年底开成立大会时已有50余人，1922年发展到150余人，1923年发展到250—300人。

马克思学说研究会的主要活动之一是搜集和翻译各种文本的马克思主义文献。此前，李大钊接任北京大学图书馆主任后，对图书馆进行了一系列的整顿和改革，开始注意收集有关马克思学说的书籍以及俄国十月革命以来的著作。1918年8月，沙滩红楼新校址建成。10月，北大图书馆由马神庙校址搬迁到红楼一层。迁到新址后，李大钊十分重视图书馆的扩充，陆续增添了很多中外文书刊，包括大量宣传马克思主义的书籍，并在《北京大学日刊》上报道和推荐，同时还开辟了马克思主义和俄国革命的专题阅览室。研究会成立后，除向北大图书馆借阅有关马克思主义书籍外，还由会员自由捐款购买。北大图书馆为研究会从国外购书给予了具体帮助。研究会还建立了最早收藏马克思主义著作的图书室，取名为“亢慕义斋”。“亢慕义”即英文“Communism”共产主义的音译，“亢慕义斋”即“共产主义小室”。据1922年2月17日《北京大学日刊》所记，当时的“亢慕义斋”已有马克思主义的英文书籍40余种、中文书籍20余种，基本包括了马克思、恩格斯和列宁的主要代表著作。为翻译马克思主义著作，研究会还成立了一个翻译室，下设英文、德文与法文3个翻译组，先后翻译了《共产党宣言》、《震撼世界的十日》、《资本论》（第一卷）等多部经典著作。

研究会还分组分专题研究探讨马克思主义理论。研究会成立之初，根据会员个人爱好，自由结合，形成了“劳动运动研究”“共产党宣言研究”“远东问题研究”3个特别研究小组，此后又成立了“唯物史观”“阶级斗争”“剩余价值”“无产阶级专政及马克思预定共产主义完成的三个时期”“社会主义史”“晚近各种社会主义之比较及其批判”“经济史及经济学史”“俄国革命及其建设”“布尔什维克党与第三国际共产党之研究”“世界资本主义国家在世界各弱小民族掠夺之实况——特别注意于中国”“资本论”等11个研究分组。研究会每周举行一次讨论会，会员们可以提出自己的研究成果，开展辩论和交流。罗章龙回忆说：

> 每星期六晚七时开一次讨论会。先由会员一人述释该题之内容及其要点，然后付之讨论。一次讨论不完，下次续之。

此外研究会还举办丰富多彩的讲演会、辩论会，宣传和研究马克思主义。1922年5月5日是马克思诞辰104周年纪念日，研究会举行纪念大会，李大钊在会上发表了演讲，听众被深深吸引，反响非常强烈。

马克思学说研究会存在时间较长、影响较大，直到1925年11月还在活动。研究会19个发起人中，有15人后来加入中国共产党，他们是邓中夏、罗章龙、吴雨铭、黄日葵、李骏、李梅羹、吴容沧、刘仁静、范鸿劼、宋天放、高尚德（高君宇）、何孟雄、朱务善、王有德、王复生。在1922年统计的152名会员中，有三分之一以上曾经加入中国共产党。研究会为北京和北方地区建党工作乃至中国共产党的成立作了思想上、组织上的重要准备。

1920年12月2日，李大钊发起组织了一个群众性团体“北京大学社会主义研究会”，以团结争取同盟者。研究会以“集合信仰和有能力研究社会主义的同志，互助的来研究并传播社会主义思想”为宗旨，编译“社会主义丛书”，翻译“社会（主义）研究集”，发表“社会主义论文”，并进行演讲活动。这个研究会曾在12月4日《北京大学日刊》上发出成立通告。社会主义研究会成立后，开展了许多很有影响的活动。

李大钊还通过大学课堂和公开演讲传播马克思主义。在早期马克思主义传播的讲台上，到处都可以看到他活跃的身影。

1920年7月，李大钊正式受聘为北京大学教授，有了教授的身份，他就可以在校内和校外开课授业。此后，他破天荒地将马克思主义引入课堂，开设了“唯物史观研究”“社会主义史”“社会主义与社会运动”“现代政治讲座”“工人的国际运动”“史学思想史”等课程。他同时还在北京女子高等师范学校（1924年更名为北京女子师范大学）、北京高等师范学校（1923年更名为北京师范大学）、朝阳大学、中国大学等多所高校任客座教授，通过大学讲坛，积极向青年学生介绍苏俄和世界工人运动以及中国的劳工状况，宣传马克思主义的唯物史观。李大钊的授

1922年李大钊（后排右3）与北京女高师毕业班合影

课旁征博引，深入浅出，给学生们以极大的思想启迪而深受欢迎，成为进步青年的思想导师。时为北京大学学生罗章龙回忆说：

> 入学以后，我选听了守常先生的“唯物史观”课程……李先生讲授这门课程，在当年是件新鲜事物，这门课无现成教本可循，要自己编写讲义。他的讲义从科学的唯物史观出发，立意创新，内容精当，而且篇幅很多。他在课前亲自散发讲义，每次都有十张八张，的确开全校风气之先，足见他是经过了长期准备的。李先生讲课有系统，兼有条理，而且联系中外数千年的历史发展加以印证，具有高度说服力，所以同学们听课十分踊跃，座无虚席，迟到的就站着听讲，这些对我印象至深。

此外，从1917年至1926年，李大钊在北京及全国各地至少发表了45次演讲，其中约有40次是直接或间接地宣传马克思主义，其著名演讲有《庶民的胜利》《由平民政治到工人政治》《马克思经济学说》《社会主义下的经济组织》《史学与哲学》《社会主义释疑》等。

在李大钊的影响、引导和培育下，毛泽东、周恩来、邓中夏、高君宇、黄日葵、何孟雄、缪伯英等一些赞成俄国十月社会主义革命、具有初步共产主义思想的先进青年，经过各自的摸索，逐步接受了马克思主义，走上了科学社会主义和共产主义的道路。

五四运动后，李大钊在黑夜沉沉的中国大地上播撒马克思主义的“火种”，引导和组织青年学生以及先进分子研究和信仰马克思主义，哺育了一大批杰出的共产主义者，推动了马克思主义在中国的广泛传播，为中国共产党的创建准备了思想条件。

九 陈独秀世界观的转变

在俄国十月革命的影响和五四运动的推动下，新文化运动的倡导者和发起者陈独秀，逐渐看清了帝国主义列强的丑恶面目，破除了对帝国主义的幻想，毅然抛弃了过去信仰的资产阶级民主主义，接受并在中国传播马克思主义，并转向劳工运动，实现了世界观的根本转变。

陈独秀早年接受资产阶级民主主义思想，醉心于“法兰西文明”，希望中国也能建成法国那样的资产阶级共和国。他最初对俄国十月革命持怀疑和观望态度，更谈不上赞扬和宣传。直到五四运动前夕，他认为第一次世界大战是代表民主主义的美、法等国战胜了代表君主主义的德国，是“公理战胜强权”，并对召开巴黎和会和美国总统威尔逊抱有很大的幻想，甚至把威尔逊称作“现在世界上第一个好人”。但是威尔逊以及西方列强在巴黎和会上出卖中国权益的丑恶嘴脸，中国在

陈独秀（1879—1942），字仲甫，安徽怀宁（今安庆）人

巴黎和会上的外交失败，把他的幻想打得粉碎。他先是迷惑不解，继而从对西方的迷恋中觉醒过来。他愤怒地痛斥道："巴黎的和会，各国都重在本国的权利，什么公理，什么永久和平，什么威尔逊总统十四条宣言，都成了一文不值的空话。"他由此充分认识到帝国主义的本质："呵！现在还是强盗世界！现在还是公理不敌强权时代！"

五四运动爆发后，陈独秀积极参与这场伟大的革命运动，并在《每周评论》上连续发表文章，揭露帝国主义对中国的侵略和北京政府的卖国罪行，对运动的发展起了很大的指导和推动作用，成为名副其实的"五四运动的总司令"。在五四运动的高潮中，6月9日，陈独秀起草《北京市民宣言》，提出收回山东主权、罢免卖国官僚、撤销警察机构、市民组织保安队、给予市民集会和言论自由等5条"最低要求"。宣言最后指出，"希望和平方法达此目的"，但是，如果政府"不愿和平，不完全听从市民之希望"，就"惟有直接行动，以图根本之改造"。这个宣言表明以陈独秀为代表的中国先进分子，经过五四运动的洗礼开始认识到，对于现实的中国社会，只有发动民众采取"直接行动"的革命手段，推翻反动卖国的军阀政府，才有光明的前途。

在五四运动的推动下，陈独秀的思想发生了转折。他果断抛弃了早年信仰的资产阶级民主主义和仿效欧美建立资产阶级共和国的幻想，逐步接受和宣传马克思主义。1919年12月1日，陈独秀在为《新青年》第七卷第一号起草的《本志宣言》中强调指出："我们相信世界上的军国主义和金力主义（资本主义），已经造了无穷罪恶，现在是应该抛弃的了。"这就把批判的矛头指向了帝国主义和资本主义。同日，他又在《告北京劳动界》一文中指出，18世纪以来的民主，是资产阶级向封建阶级作斗争的旗帜；20世纪的民主，乃是无产阶级向资产阶级作斗争的旗帜。此后，他在《国庆纪念底价值》一文中，明确认识到“共和政治为少数资本（家）阶级所把持”，“要用它来造成多数（人）幸福，简直是妄想”。

1920年2月中旬，陈独秀离开北京回到上海后，对前期北京的学生运动作了认真总结和深刻反思，认为“仅有学界运动，其力实嫌薄弱，此至足太息者也”。在五四运动中，中国工人阶级第一次以一个独立的政治力量登上历史舞台，成为运动中的主力，对斗争的胜利起了决定性作用。陈独秀开始认识到工人阶级的重要性，感悟到没有工人阶级的奋起，难以达到社会革命之目的。于是，他把关注的目光从青年学生转向工人大众，开始深入到工人中间去做宣传发动工作。

上海是当时中国工人最密集的地方。到上海后不久，陈独秀便来到码头工人中了解罢工情况，到中华工业协会、中华工会总会等劳动团体中进行调查，倾听工人的诉求和呼声，启发工人的觉悟。1920年3月，为纪念五一国际劳动节，更好地教育和引导工人，陈独秀“决计”把5月1日出版的《新青年》第七卷第六号编辑成“劳动节纪念号”。这个纪念专刊共发表文章28篇，篇幅比平时扩大一倍以上，共约400页，刊有孙中山、蔡元培等

1920年5月1日《新青年》出版的“劳动节纪念号”

16人的题字，其中有9人是名不见经传的劳苦工人，还刊登了33幅工人劳动状况的照片。纪念专刊第一篇文章是李大钊的《“五一”May Day运动史》，系统介绍了国际劳动节的由来和欧美工人为实现八小时工作制的斗争史，并希望中国工人也把“五一”看成是一个觉醒的日子。纪念专刊还登载了上海、北京、山西、天津、长沙、芜湖、无锡、南京、唐山等地工人劳动状况的调查报告，还刊载了介绍各国劳动组织和劳动运动的文章。纪念专刊刊登了陈独秀的两篇文章《劳动者底觉悟》和《上海厚生纱厂湖南女工问题》。在后一篇文章中，他宣传了马克思主义的剩余价值学说，揭露了工人与资本家之间的贫富悬殊和尖锐对立，指出：“像现在个人的工业，牺牲了无数的穷苦工人，利益都集中到少数的资本家个人手里”，“这实在是清平世界里不可赦的罪恶”。

“劳动节纪念号”还全文登载了苏俄第一次对华宣言，登载了中国各群众团体和舆论界对该宣言的反映，还全文译载了《俄罗斯苏维埃联邦共和国劳动法典》，介绍了不劳动者不得食和人人都有工作权的社会主义原则，以及俄罗斯苏维埃政权对工人利益的保障措施。陈独秀在“劳动节纪念号”上大力宣传苏维埃俄国，表明他开始改变此前的怀疑观望态度转而同情和赞成俄国十月革命，这也是陈独秀思想转变的一个里程碑。蔡和森曾说，陈独秀和《新青年》，从原来的宣传“美国思想”转变为宣传社会主义思想，一直到“劳动节纪念号”，“才完全把美国思想赶跑了”。

陈独秀在编辑“劳动节纪念号”的同时，还积极参加工人运动。4月2日，陈独秀出席上海码头工人发起的“船务栈房工界联合会”成立大会，并发表《劳动者底觉悟》的演说，高度评价工人阶级在社会中的重要地位，称赞“社会上各项人只有做工的是台柱子……只有做工的人最有用，最贵重”。他希望工人群众迅速觉悟起来，认识到自己的伟大力量和历史使命。他指出，劳动运动可分两步走，第一步要求改善待遇，第二步要求管理权。中国劳动者的觉悟目前处于第一步，但要启发工人第二步的觉悟，要把几千年来“劳心者治人，劳力者治于人”的一贯说法倒转过来。

1920年4月18日，陈独秀参加了由上海中华工业协会、中华工会总会、电器工界联合会、中华全国工界协进会、中华工界志成会、船务栈房工界联合会、药业友谊联合会7个工界团体代表发起的上海各工会庆祝五一劳动节的筹备会议。根据陈独秀的建议，集会名称定为“世界劳动节纪念会”。陈独秀在筹备会上发表《劳工要旨》的演讲，并被推选为筹备会顾问。在他的指导下，上海各行业5000多名工人在5月1日这一天下午，不顾军警的阻挠，举行历史上第一次大规模集会，工人们挥动红旗，高唱《劳动歌》，高呼“劳工万岁”等口号，通过《上海工人宣言》。同日，陈独秀与施存统、陈望道一起参加了在澄衷中学举行的庆祝五一国际劳动节大会。此后，陈独秀还主持创办了面向工人的通俗刊物《劳动界》周刊（8月15日创刊）和《上海伙友》周刊（10月10日创刊），用明白易懂的语言向工人灌输和传播马克思主义。

1920年4月间，陈独秀在上海法租界环龙路老渔阳里2号（今南昌路100弄2号）居住下来后，把《新青年》编辑部从北京迁到这里。此后，陈独秀成为马克思主义的最积极的宣传家之一，《新青年》也成为上海传播马克思主义的主要阵地。

早在1917年1月，陈独秀被蔡元培聘为北京大学文科学长后不久，便把《新青年》编辑部由上海迁到北京。从1918年1月15日出版的第四卷第一号起，《新青年》由陈独秀个人主编改为同人刊物，除陈独秀以外，李大钊、鲁迅、胡适、钱玄同、刘半农等人参与编辑。编辑部成员中既有共产主义知识分子，也有资产阶级和小资产阶级知识分子。其中李大钊是信仰并传播马克思主义的，胡适是反对马克思主义的，有的人则对马克思主义持保留态度，有的人主张继续原路。随着新文化运动的深入发展，《新青年》编辑部产生了巨大的分歧，内部分裂在所难免，陈独秀不可能把《新青年》交给过去在新文化阵营里共同战斗过，而如今“道不同”的朋友去主持编辑。

1919年10月5日，刚刚出狱20天的陈独秀召开了《新青年》同人会议，决定《新青年》从12月1日第七卷第一号起改回陈独秀一人编辑。1920年8月，陈独秀对《新青年》编辑部进行改组，吸收陈望道、李达、李汉俊等具有初步共产主义思想的知识分子参加编辑工作。此后，《新青年》刊载了许多宣传俄国革命和马克思主义的文章，引起胡适的强烈不满和反对，讽刺说“今《新青年》差不多成了Soviet Russia的汉译本”，胡适从此与《新青年》分道扬镳。

1920年9月1日，《新青年》第八卷第一号因经费问题停刊4个月后重新出版。这一时期，陈独秀与共产国际建立了联系。《新青年》的办刊经费，也受到了共产国际的资助。据苏联科学院通讯院士、中国问题专家舍维廖夫在《中国共产党成立史》中披露：“《新青年》杂志从1920年秋天开始接受共产国际的资助并逐步转变为共产主义刊物。”从这一期开始，《新青年》成为上海共产党早期组织的机关刊物。

经过斗争实践的锤炼和艰苦探索，陈独秀最终确立了对马克思主义的信仰。1920年9月1日，陈独秀在《新青年》第八卷第一号上发表长文《谈政治》，公开宣传马克思主义，批判资产阶级民主主义。他在文章中明确表示只有通过无产阶级专政才能征服资产阶级，才能达到阶级的消亡。他旗帜鲜明地宣布："我承认用革命的手段建设劳动阶级（生产阶级）的国家，创造那禁止对内对外一切掠夺的政治、法律，为现代社会第一需要。"这标志着他从激进的资产阶级民主主义者转变成为马克思主义者。

与李大钊相比，陈独秀转变为马克思主义者在时间上稍晚些。但由于陈独秀长期主编《新青年》以及新文化运动领袖的地位，很快成为中国影响最大的马克思主义宣传者。在此前后，他组织团体、创办刊物、撰写文章，有力地推动了马克思主义在中国的广泛传播。

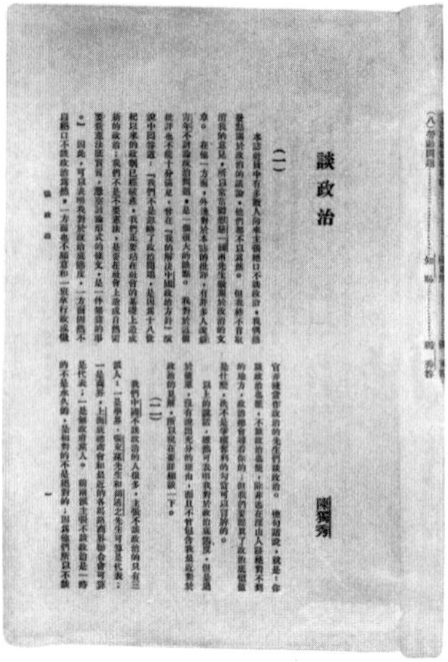
談政治

陳獨秀

1920年9月，陈独秀在《新青年》第八卷第一号上发表《谈政治》，明确宣布信仰科学社会主义

十 以笔为枪的李达、李汉俊

1920年2月，陈独秀自北京返回上海后，在他的周围很快团聚了一批早期马克思主义传播者，李达、李汉俊是其中的代表人物。他们用手上的笔作为武器，有力地推进马克思主义在中国大地的传播。

李达（1890—1966），湖南零陵人

李达，1890年出生于湖南省零陵县（今永州市冷水滩区）一个佃农家庭。自幼聪颖好学，富有正义感。1905年考入永州中学，开始接触新知识新思想，知道了鸦片战争后，由于帝国主义列强的侵略，晚清政府的腐败无能，国家衰弱到极点，受人欺凌，任人宰割，于是产生了强烈的爱国思想。1909年中学毕业后，他怀着“教育救国”的理想考入北京京师优级师范学堂（北京师范大学前身）。辛亥革命失败后，他深感失望，“教育救国”的理想很快破灭。不久，在孙中山“大办实业，以利国富民强”的思想影响下，他转向“实业救国”，决定改学理工科。1913年，李达以第二名的成绩考取湖南留日官费生，东渡日本学习理科，其间学会了日语、英语和德语。

1915年，日本政府向袁世凯提出灭亡中国的“二十一条”，留日学生愤起反对，开展了声势浩大的“反日救亡”运动，可是最终惨遭失败。这使李达认识到在旧中国要想实现“实业救国”和“科学救国”是行不通的。中国的出路在哪里？他感到茫然。李达回忆说：“当时我们就像在漫漫长夜里摸索道路的行人一样，眼前是黑暗的，内心是极端苦闷的。”

1917年俄国十月革命爆发，李达从日本报纸上知道了十月革命的消息后，“感到无限的喜悦”，从中朦胧地看到了中国的出路和民族的希望。他开始关注各种报纸杂志上有关十月革命的消息并搜集有关马克思主义的报道与论述，并产生了对十月革命的向往。

1918年5月，北洋军阀段祺瑞政府同日本政府秘密签订了丧权辱国的《中日共同防敌军事协定》，激起了中国留日学生的强烈反对。留日学生开会决定组织“留日学生救国团”，罢学归国。随后，李达作为“留日学生救国团”主要成员，率领救国团先遣队抵达北京，参与发起向段祺瑞政府示威请愿的学生运动。由于宣传发动不够，组织不力，示威请愿斗争没有达到预期目的。这次请愿失败成为他思想转变的拐点，促使他最终选择了马克思主义。他后来回忆说：

> 这次挫折，使我们深切地觉悟到：要想救国，单靠游行请愿是没有用的；在反动统治下“实业救国”的道路也是一种行不通的幻想。只有由人民起来推翻反动政府，象（像）俄国那样走革命的道路。而要走这条道路，就要加紧学习马克思列宁主义的理论，学习俄国人的革命经验。

同年6月，李达再赴日本，毅然放弃了理工科专业学习，师从日本社会主义者河上肇教授，专攻马克思主义理论并致力于研究和传播马克思主义。

1919年五四运动爆发时，李达人在日本，心向祖国。他担任留日学生总会干事，立即发动留日学生集会响应国内的爱国学生运动，到中国公使馆举行示威运动，致函日本内阁提出抗议。他本人还以“天放”的笔名在天津《益世报》发表文章，响应国内的斗争。

当五四运动发展到“六三”运动之际，中国工人阶级登上了政治舞台，李达激动不已，积极撰文宣传科学社会主义，声援国内斗争。

6月18日、19日，李达在上海《民国日报》副刊《觉悟》上连续发表了《什么叫社会主义?》《社会主义的目的》两篇论文，宣传科学社会主义。这两篇文章针对当时国内的知识分子混淆社会主义、共产主义和无政府主义而导致张冠李戴，阐述了社会主义的基本主张，阐明了社会主义的目的，论述了社会主义与共产主义和无政府主义的区别和界限，指出它们“各有各的主张，不能笼统说的”，强调指出：“总而言之，社会主义有两面最鲜明的旗帜，一面是救济经济上的不平均，一面是恢复人类真正平等的状态。”随后半个月，他又在《觉悟》连载《战前欧洲社会党运动的情况》等9篇短文，介绍欧洲各社会主义政党的情况。

留日期间，他运用他知晓多门外语的特长，直接阅读马克思主义原著，然后再翻译原著介绍给中国人民，使得自己和读者能够全面系统准确地学习和理解马克思主义的真谛和实质。1919年秋到1920年夏回国之前，他翻译了涵盖马克思主义三个组成部分的《唯物史观解说》《马克思经济学说》《社会问题总览》，寄回国内，1921年5月前后由中华书局出版。这些著作对马克思主义的三个组成部分作了比较系统的阐述，对国内传播和研究马克思主义起到很大的推动作用。此后，李达还翻译了《劳农俄国研究》《俄国农民阶级斗争史》《劳农俄国的结婚制度》《劳农俄国的妇女解放》等著作和文章，全面介绍苏俄革命及社会状况。

通过五四运动的锻炼，李达从一个爱国主义者和激进的民主主义者转变成马克思主义者，并成为中国最早传播马克思主义的先驱者之一。1920年夏，李达怀着“找寻同志来干社会革命”的理想从日本回到上海，很快和陈独秀等人进行了联系，投身于上海共产党早期组织的创建工作，成为中国共产党的重要创始人之一。

1937年夏，董必武在延安的窑洞里向美国记者海伦·斯诺讲述自己从事革命的经历。他饶有兴趣地回忆说：

> 五四运动发生后，我因革命工作新策略新方法而纳闷，于是同朋友们商议这些问题。那时候，有一个名叫李汉俊的中国留学生刚从日本回来。在日本，他曾经读了许多马克思主义的书。他跟我谈了这些问题，因此我对马克思主义变得非常关心了。

董必武在讲述中谈到他接受马克思主义的中介人物，后来被他尊称为“我的马克思主义老师”的，是比董必武年轻4岁的李汉俊。

李汉俊，1890年出生于湖北省潜江县一个贫寒的教书先生的家庭。1902年，年仅12岁的李汉俊跟随胞兄李书城[①]东渡日本求学，在那里上中学，1915年7月作为中国政府的官费生，考入东京帝国大学土木工学

---

① 李书城早年追随孙中山，同盟会发起人之一，1911年辛亥革命时曾任黄兴的参谋长，曾任北京政府陆军总长，新中国成立后曾任国家农业部部长。

科。在日期间结识了陈独秀、李大钊等一大批中国进步青年和日本著名的马克思主义经济学家河上肇，毅然放弃了最喜欢的数学，转而专心研究马克思主义理论，尤其痴迷于政治经济学和唯物史观。他通晓日、德、英、法4种外语，尤其熟谙德文，能够直接阅读德文版马克思原著，因此能够比较准确地理解马克思主义。不久，李汉俊确立了对共产主义的信仰，成为中国最早的马克思主义者之一。经他介绍入党的茅盾曾感慨地回忆说：

李汉俊（1890—1927），湖北潜江人

（李汉俊）日文很好，自不待言，甚至日本人也惊佩。又通英、德、法三国文字。德文说得极流利，此与他学工科有关，法文英文也能读能译。他如果不从事革命，稳稳当当可以做个工程师。

1918年12月，李汉俊大学毕业后回国，寓居在上海法租界渔阳里（今淮海中路）567号李书城的寓所。次年春，李汉俊结识由鄂西来沪的同乡董必武，他们志趣相投，几乎天天在一起探索救国救民的道路。李汉俊向董必武介绍俄国十月革命和马克思主义，并将从日本带回的许多介绍马克思主义和俄国十月革命的书刊推荐给董必武阅读，李汉俊也就成为董必武日后走上革命道路的指路人。

五四运动前后，李汉俊怀着救国之志，以高昂的热情和忘我的精神昼夜伏案翻译和写作，积极研究和传播马克思主义。从1919年到1921

年间，他在《新青年》、上海《星期评论》、上海《民国日报》副刊《觉悟》和《妇女评论》、《建设》、《劳动界》、《共产党》等报刊上，发表了90余篇译文和文章，成为我国早期马克思主义的启蒙者之一。茅盾回忆李汉俊时说，李无固定收入，依靠卖文自给，常一夜草万字，而翌晨无倦容。共产国际代表马林在给共产国际的信中也称赞“李汉俊是最有理论修养的同志”。

1919年夏，李汉俊加入《星期评论》周刊编辑部工作，并很快成为编辑部的核心人物。《星期评论》是由国民党人戴季陶等于1919年6月在上海创刊的，初期主要宣传介绍当时流行的新文化新思潮以及针砭时弊。1920年2月，李汉俊接过《星期评论》主编职务后，刊登了大量研究和介绍社会主义与劳工运动问题的文章。在李汉俊的主持下，《星期评论》办得很有生气，销路很广，其销量由最初的一千份发展到十几万份，成为上海传播马克思主义的主阵地之一。它和北京的《每周评论》同被誉为“舆论界中最亮的两颗明星”。中共早期领导人李立三1930年在《党史报告》中说，当时“最占势力的是新青年社和星期评论社”。

从1919年8月中旬开始，李汉俊接连在《星期评论》周刊发表文章，大力宣传马克思主义和新思想。8月17日，他发表了自己的处女作《怎么样进化?》，用历史唯物主义作为指导思想，通过阐述人类社会的发展史，揭示了社会发展的原因和动力。

10月26日，李汉俊发表《最近上海的罢工风潮》一文，赞扬工人阶级的斗争精神，较早地提出了知识分子与工农群众相结合的问题，明确指出：“我们自身应该从精神上打破‘知识阶级’四个字的牢狱。图‘脑力劳动者’与‘体力劳动者’的一致团结，并且一致努力，对于‘体力劳动者’知识上开发做工夫、然后社会的改造，方才有多少的希望哩!”1920年5月1日，李汉俊在《星期评论》“劳动日纪念号”上发表《强盗阶级底成立》一文，揭露了资产阶级剥削工人剩余价值的罪恶，号召人民觉醒起来，打倒强盗阶级。他的文章深入浅出、通俗易懂，在当时产生了较大影响。

1919年9月，李汉俊发表他的第一部马克思主义译作——日本进步人士山川菊荣的《世界思潮之方向》，热情歌颂俄国十月革命。次年9月，他翻译了德国人马尔西所著的《马格斯资本论入门》，这是在中国第一次系统地介绍马克思的《资本论》。该译作问世后，立即受到中国先进知识分子的热烈欢迎。北京“马克思学说研究会”将该译作列为会员学习的理论书籍。他还协助李达翻译《唯物史观》。李达在“译者附言”里致谢道：“我有一句话要声明的，译者现在德文程度不高，上面所说的那些补遗的地方，大得了我的朋友李汉俊的援助。”

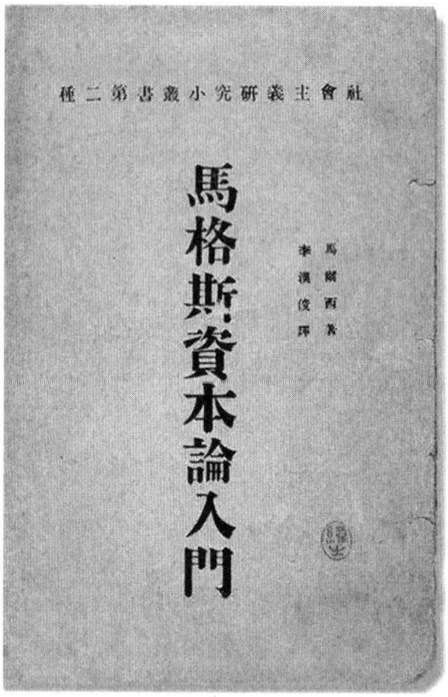

1920年9月，上海新青年社发行的《马格斯资本论入门》

五四时期，李达、李汉俊以笔为枪，积极撰文传播马克思主义，成为最早把马克思主义引入中国的启蒙者之一。他们将信仰的星星之火燃成锐利的理论武器，燎原旧世界，催生新中国。他们不仅共同推动和扩大了马克思主义在中国的传播，而且后来都成为中国共产党的创始人。

十一 华南『明灯』杨匏安

1919年11月至12月，广东省香山县（今珠海市）人杨匏安发表《马克斯主义（一称科学的社会主义）》一文，对马克思主义的三个组成部分作了比较全面的阐述，成为华南地区最早的马克思主义传播者，客观上与北方传播马克思主义的先驱李大钊遥相呼应，遂有“北李南杨”的美誉。

杨匏安（1896—1931），广东香山人

杨匏安，1896年出生于一个破落的茶商家庭。父亲早逝，全家主要靠母亲做针线活维持生计。他自幼备尝人情冷暖、世态炎凉，耳闻目睹民间的疾苦和社会的不公，产生对理想社会的憧憬，养成对恶势力的反叛性格。1911年，他考上了位于省城广州的中国近代四大书院之一的广雅书院（今广州广雅中学），在学校里得到良师的指引，不但打下了深厚的文史基础，而且广泛接触了洋务派、改良派、民主革命派和无政府主义派等各种社会思潮。中学毕业后，杨匏安回乡在小学任教，因当众揭露了校长

中饱私囊的罪恶被诬入狱，后经他的母亲及许多学生家长的营救，费尽周折才被保释出狱。

1915年春，杨匏安东渡日本横滨求学。他由于找不到固定工作，不但交不起学费，有时连饭都吃不饱，后来衣物典尽，连出国时带去的书籍也卖完了，只能靠自编油印刊物上街兜售挣一点生活费。在艰苦的条件下，他也没有放松过学习。最初一段时间，他自学日文，由于他刻苦认真，几个月后就能读能写，并开始从事翻译工作了。他在横滨的书店里发现许多国内没有见过的新书，里面有他渴求的有关西方各种流派学说的新思想、新知识，也包括马克思主义的日文译著。于是他经常跑书店，钻图书馆，如饥似渴地研读这些日文书籍，常常读书读得入了神，连肚子饿都忘记了。

1916年冬，杨匏安回到家乡结婚成家，婚后不久到澳门当家庭教师。1918年初，杨匏安举家迁到广州，在私立时敏中学任教。此时，他身负七口之家的生活重担，为了“赚点稿费，以弥补家用”，他又应聘兼任《广东中华新报》记者。《广东中华新报》是当时广州一家规模较大的报纸，它曾经比较客观地报道过十月社会主义革命的消息。

青年杨匏安对当时社会的种种黑暗感到非常厌恶和失望，但又苦于找不到救国救民的出路，常常感到忧伤和苦闷。于是他在《广东中华新报》上发表了不少文言体散文、诗词和小说，抒发被压抑的爱国情怀和对旧社会的不满。他在这一时期具有代表性的作品，就是他写的第一篇短篇小说《王呆子》。小说从1918年3月14日起，分8天连载在《广东中华新报》的“世界新语”栏目中。杨匏安在小说中热情地讴歌了农民子弟王呆子反抗土豪劣绅的复仇行动。恶霸郑氏靠贩卖洋烟、开赌馆、放高利贷，大发不义之财。他凶残地逼死了王呆子的父亲和姐姐。王呆子忍辱含悲，自愿到郑家为佣，侍候主人唯恐不周。邻居都不齿于他的为人。恶霸郑氏也以为他软弱可欺，遂不加防备。第二年清明扫墓，王呆子随主人往，乘主人跪拜之际，突然举起锄头，将郑氏击晕在地，并取怀中利刃，将仇人心肝剐出，拜祭父姐，然后入山为盗。小说抒发了杨匏安对被压迫被剥削的劳动人民的深切同情和对旧社会封建势力的极度憎恨。

在俄国十月革命影响下，杨匏安投身于五四运动，积极支持并参加了学生们的爱国行动。五四运动后，他的思想发生了重大的转变，在半年多的时间里，不舍昼夜地奋笔疾书，写下50余篇近10万字热情宣传新文化的文章。从1919年5月21日至10月18日，杨匏安在《广东中华新报》新辟专栏“通俗大学校”中，先后发表《青年心理学》《美学拾零》等文，介绍西方青年心理和美学，其中《美学拾零》分别介绍了柏拉图、亚里士多德、康德、费希特、黑格尔和哈特曼等10多位西方学者的美学思想，在当时具有开创性意义。

从1919年7月12日至12月15日，杨匏安又在《广东中华新报》“通俗大学校”专栏中，以《世界学说》为总标题，连续发表了《唯心论》《唯物论》《社会民主主义》《社会主义》《共产主义》《马克斯主义（一称科学的社会主义）》等41篇共两万多字的译述文章，系统地介绍西方各种哲学学说和各种社会主义学说。从10月18日至28日，杨匏安在该报分7次发表《社会主义》一文，广泛介绍了欧文、圣西门、傅立叶和马克思等各种流派的社会主义学说。他高度评价了马克思的社会主义学说，认为它是“科学的社会主义”，在“近世社会主义之中”占有“重要之地位”，还赞扬马克思的《资本论》“为社会主义圣典”。

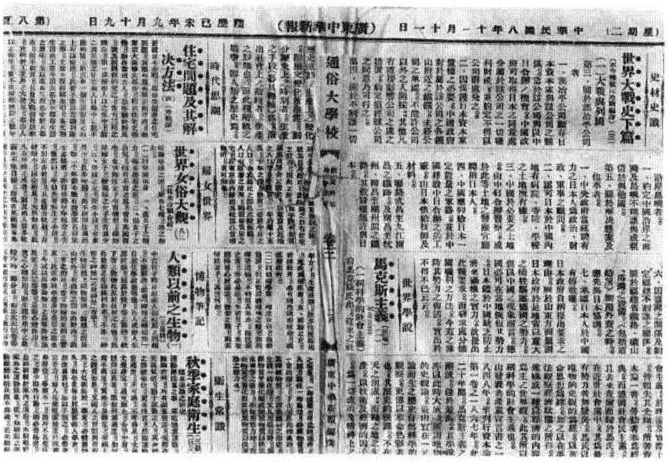

星期二 中華民國八年十一月十一日 (廣東中華新報) 陰曆己未年九月十九日 第八頁

史材史識

世界大戰史下篇

通俗大學校 卷三

世界學說

馬克斯主義

時代思潮

住宅問題及其解決法

婦女世界

世界女俗大觀

博物筆記

人類以前之生物

衛生常識

秋季家庭衛生

星期四 中華民國八年十二月四日 (廣東中華新報) 陰曆己未年十月十三日

史材史識

世界大戰史下篇

通俗大學校 卷三

世界學說

馬克斯主義

時代思潮

新家庭之根本問題

學海思潮

新聞紙論

婦女世界

世界女俗大觀

衛生常識

冬季家庭衛生

1919年11月11日、12月4日，杨匏安在《广东中华新报》上刊登的长文《马克斯主义（一称科学的社会主义）》

从1919年11月11日、12月4日，杨匏安在《广东中华新报》的《世界学说》栏目上发表长文《马克斯主义（一称科学的社会主义）》，全文约8000字，《广东中华新报》连续登载了19天次，是《世界学说》栏目中篇幅最长、影响最大的一篇。他在文章中热情赞颂了马克思对人类的伟大贡献，高度评价了马克思的科学社会主义在社会主义各种学说和社会主义实践中的无比崇高地位。文章开头指出：

自马克斯氏出，从来之社会主义，于理论上及实际上，皆顿失其光辉。所著《资本论》一书，劳动者奉为经典。

马氏以唯物的史观为经，以革命思想为纬，加之以在英、法观察经济状态之所得，遂构成一种以经济的内容为主之世界观，此其之所以称科学的社会主义也。由发表《共产党宣言》书之1848年，至刊行《资本论》第一卷之1867年，此20年间，马克斯主义之潮流，达于最高，其学说亦于此时大成。

文章接着系统阐述了马克思主义的唯物史观、政治经济学和科学社会主义三个组成部分。文章结尾断言："马氏之言验矣！今日欧美诸国已悟布尔什维克之不能以武力扫除矣！"文章不仅正确宣传了马克思主义的基本原理，还在字里行间洋溢着作者对马克思的敬仰及对其学说的尊崇。这篇文章的发表标志着杨匏安已从一个小资产阶级革命民主主义者开始向马克思主义者转变。

《马克斯主义（一称科学的社会主义）》是在我国南方最早系统介绍马克思主义三个组成部分的文章，杨匏安因此被称为"华南地区传播马克思主义第一人"。这篇文章发表之前的1919年10月，李大钊在北京将《新青年》杂志第六卷第五号编为"马克思主义研究"专号，并发表著名文章《我的马克思主义观》上半篇，这篇文章是对李大钊"马克思主义研究"专号的迅速响应，是接受并积极传播《新青年》所介绍的马克思主义的有力宣示。党史专家龚育之在《读〈杨匏安文集〉》一文中，高度评价了这篇文章：

杨匏安这篇文章的价值和贡献，主要在于它对《新青年》介绍马克思主义的呼应之迅速，在于它在两大中心之外的广州开辟了又一个传播马克思主义的中心，在于它在传播的时候所明确表示的拥护马克思主义的立场和热情。这三点，在当时尚不多见（当时的一些介绍者，在介绍的同时对马克思主义的革命学说还有各种保留甚至各种浅陋的批评）。正是这三点，使杨匏安同李大钊站在一个营垒，在中国马克思主义早期传播的历史上占有显著的一席位置。

1921年春夏，26岁的杨匏安加入广东共产党早期组织，成为广东第一批共产党员之一。

1922年2月，广东社会主义青年团创办《青年周刊》，杨匏安在为其撰写的宣言中，响亮地发出“我们最服膺马克斯主义”的内心独白，因为“他的革命的无产阶级学说，就是指示我们实现社会主义的实际道路”，他在这里高度肯定马克思主义对中国革命的指导意义，试图以马克思主义指导中国的革命实践。

1922年3月22日至4月9日，杨匏安在《青年周刊》上分4次发表了近万字长文《马克斯主义浅说》，用白话文以通俗流畅的笔调对马克思主义的唯物史观、阶级斗争理论和政治经济学三个组成部分作了系统的介绍。他认为，“在现世社会主义当中，马克斯思想占着最重大的势力”，“马克斯主义的潮流”，是“一天一天的澎湃起来”。这篇文章深入浅出，对先进青年掌握马克思主义的基本理论，抵制形形色色的假社会主义思潮的侵蚀和迷惑起到了重要作用，受到广大青年和团员的热烈欢迎。

杨匏安对马克思主义的传播，不是零敲碎打、断章取义地评说，而是全面、系统地介绍和宣传马克思主义，对于启迪人们的思想具有重要意义。尽管有些不甚“精当”的地方，但基本观点是符合马克思主义的。在20世纪初北洋军阀统治时期，杨匏安撰写了大量阐述马克思主义理论的重要文章和著作，犹如一盏指路明灯，划破了长久以来笼罩在南粤大地上的黑暗，照亮了先进分子的前行之路。

十二　毛泽东的初心之路

1936年，毛泽东在陕北苏区临时首都保安（今陕西省志丹县）接受美国记者斯诺的采访，在谈到自己的成长过程时坦承：1918年左右，“我的思想是自由主义、民主改良主义、空想社会主义等思想的大杂烩。我憧憬‘十九世纪的民主’、乌托邦主义和旧式的自由主义”。这番话表明，作为中国共产党创始人之一的毛泽东在最终选择和确立马克思主义信仰之前，也有一个苦苦探求和艰难抉择的过程。

面对鸦片战争后深重的国家和民族危机，青年毛泽东立下了拯救民族于危难的远大志向。有一次，他读到一本《论中国有被列强瓜分之危险》的小册子，开篇写道：“呜呼，中国其将亡矣！”这给他以前所未有的冲击和震撼，使他无法平静下来，“对国家的前途感到沮丧，开始意识到，国家兴亡，匹夫有责”。1918年4月，在新文化运动的影响下，在湖南省立第一师范学校就读的毛泽东和蔡和森、萧子升、何叔衡等进步青年在长沙发起成立了新民学会。新民学会成立后开展了一系列反帝反封建的斗争活动，是五四运动前成立的最早革命团体之一。

为了寻求救国救民的真理，毛泽东上下求索，一度受到五四前后风行于中国的新村主义影响，试图用“温和”的社会改良来创建新生活和新社会。同年6月下旬毛泽东从湖南省立第一师范学校毕业后，他随即邀请蔡和森等新民学会会员寄居在岳麓书院半学斋，成立了“工读同志

1919年11月，新民学会部分会员在长沙周南女校合影。后排左四为毛泽东

会”，从事半耕半读，幻想建立一个人人平等、互助友爱的理想社会。然而，这一带有空想社会主义性质的“新村”是难以实现的，很快因他们忙于组织赴法勤工俭学而中断。

新民学会成立不久，蔡和森等积极响应蔡元培在北京发出的号召，积极组织湖南青年赴法勤工俭学，探求中国的出路，为此毛泽东曾进行了多方面的活动。1918年8月，毛泽东第一次来到首都北京，会同蔡和森以主要精力从事赴法勤工俭学的准备工作。此后到1919年3月，在毛泽东等人的积极组织下，一大批湖南青年漂洋过海赴法勤工俭学。

毛泽东在北京期间，为解决生计问题来到北京大学图书馆当了一名助理员，每天的工作除了打扫卫生外，便在阅览室登记新到的报刊和前来阅览者的姓名，管理15种中外报纸。毛泽东回忆说：

北京的生活费用对我来说太高了。我是借朋友的钱来到首都的，到了以后，非马上找工作不行。我从前在师范学校的伦理教师杨昌济当时是国立北京大学的教授。我请他帮我找工作，他把我介绍给北大图书馆的主任。这个人就是李大钊，他后来成为中国共产党的一位创始人，以后被张作霖杀害。李大钊让我担任图书馆的助理员，我每月可以领到一大笔钱——8块大洋。

这笔钱在北京其实只够勉强生存，虽然物质生活艰苦，但是毛泽东的精神生活却是相当充实的。当时正值五四运动前夕，新文化运动蓬勃发展。北京大学是新文化运动的发源地和大本营，学术思想非常活跃，人才荟萃，这些给了毛泽东以极大的吸引力。毛泽东充分利用这里的学术氛围和资源优势，除了如饥似渴地阅读各种新出版的图书、报纸和杂志外，还在工作之余到北京大学的课堂里旁听他所感兴趣的课程，积极参加北大两个学术团体——新闻学研究会和哲学研究会的活动，结识活跃于北大的蔡元培、陈独秀、胡适等一些新文化运动的主将和湖南籍学生邓中夏、罗章龙等一批有志青年。

在这段时间里，对毛泽东影响最大的人当属李大钊。毛泽东在李大钊手下工作，他们朝夕相处。李大钊此时已接受了马克思主义，并积极宣传十月革命和马克思主义。在李大钊的帮助下，毛泽东阅读了当时图书馆收藏的马克思主义书籍，毛泽东还在天安门广场亲耳聆听了李大钊的著名演讲《庶民的胜利》，并阅读了李大钊的另一篇著名文章《Bolshevism的胜利》，毛泽东这时候开始具体了解十月革命和初步接触马克思主义的一些基本观点。这对于世界观正处在急剧变化和发展中的毛泽东来说，无疑具有深刻的影响。但在这时候，他对马克思主义的认识还是不清晰的，还处在思考与徘徊之中。毛泽东后来在和斯诺谈到他这时候的思想状况时说：

在这时候，我的思想还是混乱的，用我们的话来说，我正在找寻出路。我读了一些关于无政府主义的小册子，很受影响。我常常和来看我的一个名叫朱谦之的学生讨论无政府主义和它在中国的前景。在那个时候，我赞同许多无政府主义的主张。

1919年4月6日，毛泽东离开北京转道上海回到了长沙。不久五四运动爆发，他以新民学会为核心，在湖南组织和领导了一系列各阶层人民声援北京的爱国运动，成为湖南地区五四运动的领袖人物。为扩大革命宣传，提高群众觉悟，7月14日，毛泽东在长沙创办《湘江评论》，以宣传最新思潮为主旨。他在《创刊宣言》中大声疾呼：

中華民國八年七月十四日

湘江評論

1919年7月14日，《湘江评论》创刊，毛泽东任主编

世界什么问题最大？吃饭问题最大。什么力量最强？民众联合的力量最强。什么不要怕？天不要怕，鬼不要怕，死人不要怕，官僚不要怕，军阀不要怕，资本家不要怕。

但是这时候，毛泽东和当时的许多先进分子一样，选择的仍是温和革命和改良道路，而不主张进行暴力革命，这一点在《创刊宣言》中已经鲜明地表现出来。他写道：

用强权打倒强权，结果仍然得到强权。不但自相矛盾，并且毫无效力。

在对人的方面，主张群众联合，向强权者为持续的“忠告运动”。实行“呼声革命”——面包的呼声，自由的呼声，平等的呼声——“无血革命”。不至张起大扰乱，行那没效果的“炸弹革命”“有血革命”。

然而，军阀统治下的现实却毫不“温和”。8月中旬，《湘江评论》第五期刚出版，便被湖南军阀张敬尧查封。9月，毛泽东又接办《新湖南》杂志。他发扬《湘江评论》的风格，宣传革命思想，对张敬尧反动统治进行了猛烈抨击。当时北京《晨报》评价《新湖南》说：“内容极为完备，是《湘江评论》的化身，所以魄力非常充足。”该刊出版12期后又被张敬尧查封。

随着五四运动的深入发展，湖南各阶层人民开始觉醒，他们不再容忍张敬尧的残暴统治，在毛泽东的发动和领导下，湖南各界掀起了声势浩大的“驱张运动”。1919年12月，毛泽东率领“驱张代表团”赴京请愿，控诉张敬尧祸湘的罪行，要求撤职惩办张敬尧。毛泽东还组织了“平民通讯社”，自任社长，不断地向全国各大报纸发出大量驱张的稿件。由于湖南民众和毛泽东等人坚持不懈的斗争，加上军阀内部的矛盾，1920年6月，张敬尧仓皇逃离湖南，“驱张运动”取得了胜利。

毛泽东第二次到北京期间，如饥似渴地阅读了许多介绍苏俄情况的书刊和马克思主义著作。他还多次拜访李大钊，加入了李大钊等发起成立的少年中国学会，还一起讨论了赴俄留学等问题。毛泽东的思想在此期间发生了很大的变化，这是他一生中发生的重要转折之一。毛泽东后来在同斯诺谈到自己的革命经历时说：

我第二次到北京期间，读了许多关于俄国情况的书。我热心地搜寻那时候能找到的为数不多的用中文写的共产主义书籍。有三本书特别深地铭刻在我的心中，建立起我对马克思主义的信仰。我一旦接受了马克思主义对历史的正确解释以后，我对马克思主义的信仰就没有动摇过。这三本书是：《共产党宣言》，陈望道译，这是用中文出版的第一本马克思主义的书；《阶级斗争》，考茨基著；《社会主义史》，柯卡普著。

1920年4月11日，当“驱张运动”胜利在望之时，毛泽东离开北京到上海，一直逗留到7月。这期间，他同正忙于筹建上海共产党早期组织的陈独秀多次会晤，讨论他读过的马克思主义书籍。毛泽东后来对斯诺回忆说：“陈独秀谈他自己的信仰的那些话，在我一生中可能是关键性的这个时期，对我产生了深刻的印象。”并认为“他对我的影响也许超过其他任何人”。

1920年7月初，毛泽东回到长沙。尽管他此时在思想上已向马克思主义急速转变，但他还没有从理论上和实践上彻底摆脱改良主义影响，仍然对“无血革命”抱有最后一丝幻想。驱张以后，他和彭璜等人发起组织湖南自治运动，希望通过人民制宪，实行湖南人民自决自治。10月10日，长沙近两万群众冒雨上街游行，彭璜等代表向省政府、省议会递交了毛泽东起草的“湖南人民自治请愿书”，要求迅速召开人民制宪会议。有些示威者想在会场上升起红旗，扯下了省议会的旗帜，遭警察制止时发生了争执。事后省议会诬控毛泽东是扯旗事件的策划者，并企图加害于毛泽东。这场以和平请愿方式进行的自治运动在封建军阀的打压下最终失败了。

湖南自治运动的失败，使毛泽东心力交瘁，“我的生活实在太劳了”。他这时认识到在帝国主义和封建军阀联合统治的中国，采用温和的“无血革命”“呼声革命”方式，走政治改良这条路是行不通的，必须“另辟道路，另造环境”。1920年12月1日，毛泽东在给法国勤工俭学的蔡和森、萧子升的回信中坦言，“历史上凡是专制主义者，或帝国主义者，或军国主义者，非等到人家来推倒，决没有自己肯收场的”，因而明确表示不同意萧子升主张的“温和的革命”，而对于蔡和森提出的接受马克思主义，组织共产党，实行无产阶级专政，走俄国式的革命道路“表示深切的赞同”。他并且深刻反省道：“我对于绝对的自由主义，无政府的主义，以及德谟克拉西①主义，依我现在的看法，都只认为于理论上说得好听，事实上是做不到的。”到1920年冬，毛泽东从理论到实践上已成长为一个马克思主义者。

在五四运动的推动下，毛泽东在经历了一次又一次内心的痛苦和思想上的激荡后，最终抛弃了温和的社会改良幻想而选择激烈的社会革命，萌发了建党和革命的初心，最终由一个激进民主主义者转变为马克思主义者。

---

① 德谟克拉西，是英文“democracy”一词的音译。意为民主、民主主义。

十三　周恩来『模糊中见光明』

俄国十月革命后，马克思主义开始在中国传播，千百万彷徨无助的中国先进分子从中看到了希望，点燃了他们心中的理想信念之光。周恩来就是其中之一。他在日本留学时初步接触了马克思主义，以后经过五四运动风暴的洗礼和近半年狱中的沉思，随后远赴欧洲勤工俭学并对各种新思潮进行细致的推求比较，终于确立自己的初心和信仰。1922年3月，24岁的周恩来在与觉悟社成员通信中表明了对共产主义的坚定信仰："我认的主义一定是不变了，并且很坚决地要为他宣传奔走。"

1913年8月，周恩来考入天津南开学校。图为在南开学校读书时的周恩来

周恩来，1898年出生于江苏淮安一个破产的封建官僚家庭。1910年春天，12岁的周恩来随三堂伯周贻谦来到东北，入沈阳东关模范学堂读书。当时的中国正处于内忧外患之中，西方列强肆意瓜分践踏中国领土，腐败无能的清王朝卖国求荣，民族危亡，山河破碎，民不聊生。家与国的双重衰败，使少年周恩来具有强烈的忧国忧民意识和担当精神，

他立志“为了中华之崛起”而发愤读书。

1913年2月，周恩来随四伯父周贻赓搬到天津，后入南开学校读书。1917年6月，他以优异的成绩从南开学校毕业。同年9月上旬，家境贫寒的周恩来在师友和同学的资助下东渡日本留学。

不久俄国十月革命爆发，周恩来在日本报纸上看到一些关于十月革命的介绍，开始密切关注十月革命的发展。此前他在国内曾有过军国主义可以救中国的想法，到日本后，通过对实行军国主义的日本的实地观察，尤其是亲眼看到席卷日本全国的“米骚动”中暴露出的严重社会问题，他对日本社会越来越感到失望和迷茫。他开始倾向俄国十月革命并接触马克思主义，除了直接阅读英文和日文马克思、恩格斯的著作外，还如饥似渴地读了不少宣传介绍俄国革命以及社会主义的书刊，如美国记者约翰·里德的反映俄国十月革命的《震动环球的十日》、幸德秋水的《社会主义神髓》，以及日本早期马克思主义传播者河上肇的《贫乏物语》和由他创办的《社会问题研究》。处于苦闷彷徨之中的周恩来从中受到了马克思主义的启蒙教育，越来越多地接受马克思主义的观点，内心重新燃起了救国救民新的希望。正如他此时写下的著名诗篇《雨中岚山》所言：

人间的万象真理，愈求愈模糊；
模糊中偶然见着一点光明，真愈觉姣妍。

1919年4月，报国心切的周恩来得知母校南开学校要创办大学部的消息，立即回到天津。不久五四运动爆发的消息传到天津，他以强烈的爱国热情迅速投入了这场反帝爱国运动。为了提高广大学生和各界群众

天津學生聯合會報
THE TIENTSIN STUDENT
DEMOCRACY: A GOVERNMENT FOR THE PEOPLE BY THE PEOPLE AND OF THE PEOPLE-OUR MOTTO

1919年7月21日，周恩来主编的《天津学生联合会报》创刊

的觉悟，周恩来创办了《天津学生联合会报》，在他撰写的《革心！革新！》的发刊词中提出改造思想、改造社会的响亮口号。学生领袖马骏看后兴奋地说：“这篇社论真带劲！这比我们站在几千人面前大喊一阵，可有用得多！”此后，他在《天津学生联合会报》上发表了大量的文章和社论，旗帜鲜明地宣传反帝反封建，号召青年和各界人民向旧势力做无畏的战斗，有力地推动天津爱国运动的发展。

从1919年8月下旬到10月初，为了支援山东人民的爱国斗争，周恩来作为天津学生的代表两次进京到总统府门前示威，与北京学生一起进行反帝爱国斗争。这期间，周恩来发起成立觉悟社，并不定期出版《觉悟》社刊，介绍和研究世界新思潮。最初的会员有周恩来、马骏、邓颖超、郭隆真、刘清扬等20名男女学生。周恩来起草的《觉悟的宣言》提出，觉悟社的宗旨是“要本‘革心’‘革新’的精神，求大家的‘自觉’‘自决’”。觉悟社成立后的第一个活动，便是请到天津作学术讲演的李大钊来到觉悟社，与大家促膝座谈，指导觉悟社的活动。李大钊对觉悟社打破封建习俗、男女同学共同组成团体等深表赞许。他还勉励社员们要注意研究世界革命新思潮，好好阅读《新青年》和《少年中国》上的进步文章，探索革命真理，为改造中国而奋斗。觉悟社成立后，很快成为天津学生爱国运动的中坚力量。青年周恩来也成为著名的学生运动领袖。9月25日，南开学校大学部（稍后改名为南开大学）开学。周恩来作为第一期学生进入文科学习，同时继续参与领导天津学生爱国运动。

11月16日，日本暴徒在福州打伤多名抵制日货的中国学生，并打死一名警察，制造了震惊全国的“福州惨案”。不久天津中等以上学校学生联合会成立，号召声援福建人民，抵制日货，周恩来当选为执行科长。面对日本驻津总领事提出的“严重抗议”，北洋政府下令严厉镇压天津各界人民的反帝爱国运动，将天津各界联合会、学生联合会等的办事机构一律查封，逮捕马骏、马千里等12人，禁止检查日货。

1920年1月26日至28日，周恩来主持召开觉悟社秘密会议，会议决定由周恩来出面领导，举行更大规模的请愿示威，以营救被捕的爱国人士。1月29日，在周恩来等人组织下，天津各校学生五六千人集合后，排着整齐的队伍，一路高呼口号，散发传单，浩浩荡荡地奔赴直隶省公署请愿。到达省公署后，周恩来等4名请愿代表遭到直隶当局逮捕。反动当局还出动大批军警冲进学生队伍中，枪托棍棒一起上，对手无寸铁的学生大打出手，打伤50多人，制造了天津“一·二九”流血惨案。

在天津地方检察厅看守所里，周恩来等组织读书团、演讲会，带领被捕同学们学习知识，研究社会问题，介绍各种新思潮。由于在留学日本时已经接触到马克思主义，周恩来先后用5个晚上向难友们作了介绍马克思学说的演讲。据周恩来当时编写的《检厅日录》记载，他讲的内容包括：历史上经济组织的变迁，马克思传记，唯物史观的总论和阶级竞争史，经济论中的余工余值说（剩余价值学说）、《资本论》和资产集中说。

经过周恩来等人的坚决斗争和天津各界人士的大力声援，7月17日，天津地方当局被迫释放周恩来等热血青年。从1月29日被逮捕到7月17日出狱，他在狱中度过了近半年的铁窗生活，思考了许多问题，开始萌生一种革命意识。周恩来后来在给友人的信中谈到自己对共产主义信仰的认识时说“思想是颤动于狱中”，一种革命意识的萌芽，“是从这个时候开始的”。这时候的周恩来虽然对马克思主义有了一定的认识，但还没有确立共产主义的信仰。周恩来后来回忆说：

> 五四运动时，我们组织了觉悟社。后来有人问邓颖超：那时你们是不是共产主义小组？她回答说：还不能称为共产主义小组，是研究新思潮的一个组织。我们的社员有研究无政府主义的，有研究基尔特社会主义的，也有研究共产主义的。以后有不少人加入了共青团和共产党。青年人不了解，以为这样说太谦虚了，其实历史是发展的，个人也是发展的。1920年我到法国，还对费边社会主义[①]有过兴趣，但很快就抛弃了。

这时国内正掀起赴法勤工俭学的热潮，在南开学校创办人严修的资助下，出狱后的周恩来决定赴欧求学，到马克思的故乡去寻找真理。1920年11月7日，周恩来由上海搭乘法国邮船波尔多斯号前往法国。对于采取什么主义来救中国，他思想上还没有最后确定。究竟是采取俄国十月革命的暴力手段呢？还是走英国式“温和”“稳健”的费边社会改

① 费边社会主义是以英国费边社的主张为代表的资产阶级改良主义思潮，认为用温和缓进的办法，通过细小的改良就能使资本主义制度逐步过渡到社会主义。

良道路？周恩来希望通过对西方资本主义国家的实地考察，进一步了解改造社会的各种学说，最后确定自己所要走的道路。

1920年12月中旬，周恩来抵达法国马赛港，次日换乘火车来到巴黎。1921年1月5日，他到了英国首都伦敦，准备在英国入学。这时的英国正处在一战以后第一次经济危机之中，生产凋敝，物价高昂，资本家疯狂地剥削工人，上百万煤矿工人举行声势浩大的总罢工。他对这次罢工风潮进行了持续关注和考察，连续撰写了《英国矿工罢工风潮之始末》《英国矿工罢工风潮之影响》《英国矿工罢工风潮之波折》等9篇通信，向国内介绍英国工人阶级的顽强战斗精神，并得出结论："资本家无往而不为利，欲罢工事之妥协难矣。劳资战争，舍根本解决外其道无由。"周恩来明确提出"根本解决"的思想主张，表明他通过对英国煤矿工人运动进行认真的考察和研究后，他的思想有了发展和变化，已经认识到英国式的社会改良道路是走不通的，只有走俄国十月革命的道路才能救中国。

1921年2月中旬，因伦敦生活费用昂贵，周恩来从伦敦回到巴黎，不久转到法国中部的布卢瓦城。他白天补习法文并进行社会考察，晚上给《益世报》写通讯，有时还翻译一些稿子，努力赚稿费维持生计，经常熬夜而睡眠严重不足，显得精神疲惫。周恩来回忆说：

> 1920年去法国的原因，当时正值大战之后，在法国容易找到工作，可以半工半读。但我到法国后，并未做工。在去法之前，我已给国内报纸订合同，给它做特约通讯员，所以在法国一面读书、一面写文章。

这里和国内大不相同的是，一战后法国社会矛盾复杂尖锐，共产主义运动日益高涨，马克思主义书籍和报刊十分流行。周恩来充分利用这一有利条件，废寝忘食地研读英文版的《共产党宣言》《社会主义从空想到科学的发展》《国家与革命》等大量马克思主义经典著作，他还写下了许多心得。这样他对马克思主义的思想认识有了进一步的提高。

当时欧洲的思想界异常活跃，流行着各种“社会主义”思潮。周恩来通过对各种思潮的推敲比较和社会现实的观察剖析，得出自己的结论：无政府主义的“自由作用太无限制”，处在旧势力盘踞的社会里，而要解除一切强迫，解除一切束缚，容易流为“空谈”；法国的工团主义发源于无政府主义，在现今的欧美“不免等于梦呓”；英国的基尔特主义“近已见衰”，并且“在英国始终也没大兴盛过”；而只有科学社会主义才是历史发展的必然趋势。

经过3年左右的实践探索和思想抉择，周恩来终于作出自己一生中最重要的抉择：确立了共产主义信仰。1921年春天，经张申府、刘清扬介绍，周恩来加入了中国共产党8个发起组之一的旅法共产党早期组织，成为中国共产党最早的党员之一。从此，周恩来一直是坚定的马克思主义者，为共产主义事业而奋斗终生。

十四　恽代英的艰辛探索

1936年，毛泽东在陕北的窑洞里接受斯诺采访时回忆说，“有三本书特别深地铭刻在我的心中，建立起我对马克思主义的信仰”。在毛泽东所说的三本书里，就有恽代英翻译的《阶级争斗》。作为中国传播马克思主义的先驱之一，青年恽代英从信奉无政府主义、新村主义转变为信仰马克思主义，经历了一个曲折复杂的艰辛探索过程。

1915年新文化运动爆发，在武昌中华大学读书的恽代英积极投身于这场伟大的思想解放运动，成为新文化运动的勇猛斗士

恽代英，1895年出生于湖北武昌一个书香世家。他出生的这年正是丧权辱国的《马关条约》签订之年，少年恽代英目睹中华民族外受帝国主义列强的欺凌，内遭封建军阀统治者的践踏，国家的生死存亡迫在眉睫，激起了他强烈的爱国热情和疾恶如仇的反抗精神。1915年9月，恽代英考入私立武昌中华大学文科中国哲学专科，在校期间勤奋好学，博览群书，精通英文、日文、德文，是一个品学兼优的学生。他积极投身新文化运动并成为武汉地区新文化运动的旗手，在进

步刊物上发表了大量抨击封建礼教制度，反对迷信，传播新思想和新文化的文章，他的民主主义思想在新文化大潮中迅速生根发芽。

早年恽代英为了寻求救国救民良策而积极展开探索。受当时流行的无政府主义思潮的深刻影响，1917年10月8日，恽代英与志同道合的好友梁绍文、冼百言和黄负生在武昌中华大学发起组织互助社，其命名是根据他们所崇拜的19世纪中期俄国无政府主义者克鲁泡特金的名著《互助论》中的“互助”两字而来的。互助社以“群策群力，自助助人”为宗旨，社员每天开会一次，报告各人自助和助人的情况。恽代英后来回忆说：

我们组织这个团体，还不过是一方督促自己学业品性上的进步，一方帮助朋友，有时亦做一点为社会国家的事情；那时候，我们并没有真正主义的信仰。

1918年6月19日，互助社部分成员在武昌合影。左起，前排：汤济川、杨理恒、恽代英、萧鸿举、林育南、刘仁静；后排：郑兴焕、郑遵芳、沈光耀、魏以新

1919年五四运动爆发后，恽代英带领互助社等青年团体和学生，组织武汉大中学校学生举行罢课和示威游行，以实际行动声援北京学生的反帝爱国斗争，是武汉地区学生运动的主要领导人之一。

1919年秋，日本武者小路实笃的新村主义传入中国，吸引了众多对现存社会制度不满而探求改造社会的青年，其中就有后来深刻影响中国的李大钊和毛泽东。“新村运动”同样引起了恽代英的憧憬。他幻想组织一个类似“新村”的团体，聚集一群有共同理想的有志青年，建立一种“日出而作，日入而息”“各尽所能，各取所需”的伊甸园式的新生活。

满腔热血的恽代英很快展开了“新村运动”的实践探索。经过他的积极筹划和多方奔走，3个月后的1920年2月1日，农历正月初一，恽代英和他的挚友林育南在武昌创办了他们向往已久的共同生活的试验基地——利群书社。这是一个以互助社为核心的工读互助性质的团体，其宗旨是“利群助人，服务群众”。书社成员尝试着过一种没有压迫剥削、自由平等的新生活。他们从书报营业到膳食制作，一律自己动手，共同劳动，共同生活，在书社内部实现共产主义，废除私产，团员的收入归公共财产。1921年6月7日，湖北军阀王占元的部队在武昌发动兵变，利群书社毁于一炬，被迫停业。

从组织互助社到创办利群书社可以看出，恽代英和他的伙伴们由于受到无政府主义和空想社会主义影响，不赞同用阶级斗争和暴力革命作为改造社会的主要手段，鼓吹新村主义和工读互助，幻想通过不流血的社会改良来实现共产主义理想社会，这种不切实际的空想社会主义难以在现实社会中实践开来。

五四运动以后，随着马克思主义在中国广泛传播以及新村主义、工读互助主义在全国各地试验相继失败，恽代英的世界观逐渐发生变化，开始接触和研究马克思主义。1919年10月，恽代英在王光祈的介绍下加入少年中国学会。1920年4月，恽代英第一次到北京参加少年中国学会活动，并负责编辑《少年中国学会丛书》。在京期间，恽代英与少年中国学会创办人李大钊以及邓中夏等共产主义知识分子建立了联系。受李大钊的影响，他开始接受并传播马克思主义的一些观点。回到武汉以后，1920年7月和9月，他在《少年中国》连续发表《怎样创造少年中国》，对马克思主义的暴力革命学说有了初步的认识，对他曾信仰过的无政府主义开始持怀疑和批判的态度，认为无政府主义是“割肉饲虎的左道，从井救人的诬说”。这表明他在一定程度上接受了马克思主义的一些基本观点，逐渐摒弃无政府主义，开始了世界观的转变。这年10月，他还翻译了恩格斯的《家庭、私有制和国家的起源》的部分章节，在《东方杂志》第十七卷第十九期上发表。

然而，恽代英世界观的转变不是一蹴而就的。1920年10月，他发表《未来之梦》一文，一方面承认“个人主义的新村是错了的”。但另一方面又认为“最好莫如利用经济学的原理，建设个为社会服务的大资本，一方用实力压服资本家，一方用互助共存的道理，启示一般阶级。而且靠这种共同生活的扩张，把全世界变为社会主义的天国”。这种复杂和矛盾的思想状况表明恽代英这时候还没有划清新村主义和科学社会主义的界限，仍然企图用温和的改良主义手段改造中国社会，还没有完全确立对马克思主义的信仰。和其他共产主义早期信仰者不同，在恽代英的思想转变过程中，他身边信仰马克思主义的朋友们发挥了有力的推动作用。

1920年12月1日，陈独秀在《新青年》第八卷第四号上发表《关于社会主义的讨论》一文，在批判张东荪改良主义的同时，对恽代英的观点提出了严厉反驳。他指出：“在全社会底（的）一种经济组织、生产制度未推翻以前，一个人或一团体决没有单独改造底余地，试问福利耶以来的新村运动，像北京工读互助团及恽君的《未来之梦》等类，是否真是痴人说梦？”

陈独秀结识恽代英是在1920年2月初，陈独秀受邀来武汉讲学，他们曾长谈过一次。为了提高恽代英的思想觉悟，1920年秋，陈独秀请恽代英翻译考茨基的《〈爱尔福特纲领〉解说》一书。恽代英很快将该书译完，并定名为《阶级争斗》。陈独秀收到他的译稿后亲自校订，于1921年1月由新青年社出版。这本书正确地阐述了马克思的阶级斗争学说，对毛泽东、周恩来、董必武等人向马克思主义者转变产生过深刻的影响。同时，恽代英翻译《阶级争斗》的过程也是他进一步学习马克思主义的过程，他第一次真正了解了阶级分析法等马克思主义基本理论，对于他本人的思想转变起到了促进作用。利群书社成员李书渠回忆说：“此书的翻译对恽代英同志的政治思想的提高起了重大作用。”

1920年12月2日，恽代英的好友刘仁静从北京给恽代英写了一封长信，宣传俄国布尔什维克革命，批评他的社会改良思想，认为恽代英办的乡村教育“难以收效”，乡村企业也“不可靠”，“中国社会革命也必出于流血一途，是无疑的”。虽然恽代英对这封信中提出的暴力革命这一方式还有所保留，但刘仁静的基本观点对他的思想转变无疑产生了作用。

1921年6月1日，在北京学习的林育南致信恽代英，对《未来之梦》中的错误观点提出批评，明确指出那种靠共同生活的扩张，把全世界变成社会主义天国的理想只是空想。“这种理想仿佛是对的，但审查社会情形和我们的力量，恐怕终久（究）是个‘理想’，终久是个‘梦’呀！”

朋友间的批评互动以及革命实践的挫折，使恽代英思想受到极大的震动，他终于彻底认识到新村主义是错误的，只有走苏俄革命的道路，建立布尔什维克式的团体，中国社会才能得到根本的改造。

1921年7月1日至4日，少年中国学会第二届年会在南京举行。围绕着少年中国学会方向问题，邓中夏、高君宇、刘仁静等具有初步共产主义思想的知识分子和左舜生、陈启天等右翼知识分子针锋相对。邓中夏等坚决主张学会应确定社会主义方向，成为政治性的团体。左舜生等则坚决反对，主张学会成为从事“社会活动”的改良主义团体。恽代英为了避免学会分裂，起初在会上采取调和态度。然而随着双方争论越来越尖锐，他敏感地意识到学会分裂不可避免，他在大会上作了题为《学会前途危险，应讨论如何分裂》的发言。会后不久，他在致学会会员杨钟健的信中明确表明了自己的态度，“很望学会为波歇维式的团体”，即布尔什维克的团体。

1921年7月，少年中国学会第二届年会在南京举行，图为与会者合影。左起，前排：蒋锡昌、恽代英、刘仁静、杨贤江、杨效春；2排：陈仲瑜、刘国钧、高君宇、邰爽秋、阮真；3排：王克仁、沈泽民、李儒勉、方东美、穆济波、张闻天；后排：左舜生、邓中夏、赵叔愚、沈君怡、陈愚生、黄日葵、陈启天

7月16日至21日，恽代英和林育南召集受到利群书社影响的24位进步青年，在湖北黄冈浚新小学开会。参加会议的廖焕星回忆说：

会议一致拥护无产阶级专政，拥护无产阶级在革命中的领导权，拥护苏维埃，赞成组织新式的党——布尔什维克式的党，并提议要组织的团体叫做“波社”（波尔什维克）。

会议最后确定组织的名称叫共存社，其宗旨为：“以积极切实的预备，企求阶级斗争，劳农政治的实现，以达到圆满的人类共存为目的。”

共存社的成立标志着恽代英的世界观发生了质的飞跃，经反复比较和实践，恽代英坚决抛弃了无政府主义、新村主义的思想残余，最终选择了马克思主义作为自己的终身信仰。刘仁静回忆说：

由于北京工读互助团的破产，代英从办互助社、利群书社以及筹办纱厂、“新村”等实践中认识到，脱离社会的“互助经济论”“平和经济革命”论都只能是幻想，不可能根本改变社会，改造中国，其原因就在于“饱受经济压迫的况味”，只有通过阶级斗争、劳农政治，才能达到人类共存的社会。他自觉地接受了马克思主义学说，最后清除了改良主义、空想社会主义的思想残余，走上了共产主义革命的道路。

1921年7月下旬，中国共产党在上海正式宣告成立。恽代英得到这个消息后，抑制不住内心的激动，立即宣布解散共存社，并与林育南等人加入了中国共产党。从此他在党的领导下为无产阶级的解放事业不懈奋斗，直至1931年英勇就义。

十五 蔡和森首倡『成立中国共产党』

蔡和森（1895—1931），湖南双峰人

蔡和森，1895年出生于上海，4岁随母亲葛健豪回到家乡湖南湘乡县（今双峰县），13岁时因家道中落被送到永丰他堂兄开的“蔡广祥”店当学徒。蔡和森小时患有哮喘病，体质很弱，然而店中的重活累活都叫他干。“每天早晚开铺关店，背不动沉重的铺板，东摇西歪，有时摔倒在地，常常遭到店主的呵斥怒骂。当学徒还要替老板娘干家务事，有时因疲劳过度，略一打盹，便遭鞭打。”三年苦难的学徒生涯使蔡和森产生了对旧社会的憎恨，萌生了改造社会的最初愿望。

1913年，蔡和森考入湖南省立第一师范学校学习，后结识毛泽东、萧子升。他们品学兼优，志趣相投，几乎形影不离，被称为“湘江三友”。由于帝国主义列强的侵略欺凌和封建势力的腐朽统治，当时的中国正陷入内忧外患的深重苦难之中，人民流离失所，国家山河破碎，青年蔡和森立下了“匡时救民”的远大抱负，立志挽救危难的中国。1917年俄国十月革命的爆发，给正在艰难寻找救国救民真理的湖南先进分子以鼓舞和向往。1918年4月14日，在岳麓山脚下刘家台子蔡和森的家里举行了新民学会成立会。经过讨论，通过了毛泽东参与起草的学会章程，以“新民”为会名，以“革新学术，砥砺品行，改良人心风俗”为宗旨。新民学会是毛泽东、蔡和森等组织的早期革命团体，在湖南进步青年中产生很大影响。李立三回忆说：

> 还远在“五四”运动以前，在湖南一般先进的青年中就盛称毛蔡之名，而奉之为表率。这就是中国人民的领袖毛泽东同志和已经被难之蔡和森同志。当时毛蔡两同志同时肄业于湖南第一师范，即感于政治的腐败，社会的黑暗，国家之危急，而极力提倡革命思想，以图挽救。他们共同发起新民学会以团结青年，创立《湘江评论》，宣传革命主张，组织文化书社，传播各种新思想的书报，并为与一切先进青年接洽之机关。在“五四”运动这一时期，湖南成为革新运动的策源地之一，实以毛蔡两同志的功绩居多。

1918年6月，为筹办湖南新民学会会员赴法勤工俭学事宜，蔡和森从长沙搭上小火轮，沿江而下，至汉口搭火车，前往新文化运动的中心北京。到北京后，他除了拜访华法教育会主持人蔡元培，陈述他们赴法勤工俭学的要求，还拜访了李大钊，阅读李大钊一些介绍马克思主义的文章，并参加了李大钊等人发起的“少年中国学会”。在李大钊的启发和指导下，他初步确立了要仿效俄国列宁之革命，以改造黑暗中国的志向。1918年7月21、24日，蔡和森连续给毛泽东写信，主张“加倍放大列宁……之所为”，对列宁的事业“愿则而效之”。

1919年12月，蔡和森和妹妹蔡畅、母亲葛健豪来到上海，搭乘法国邮轮赴法勤工俭学。次年2月到达巴黎附近的蒙达尼，入蒙达尼男子公学。在这里，活跃的思想、先进的技术，让蔡和森大开眼界。他们白天补习法文，晚上挑灯苦读，“猛看猛译”马克思主义经典著作。他通过对大量马克思主义著作的研读和对社会的现实考察，逐步树立起了无产阶级世界观，成为赴法新民学会会员中第一个马克思主义者，并热情宣传马克思主义，被大家誉为“小马克思”。在他的影响和带动下，赴法新民学会会员中一大批先进分子纷纷走上了革命道路。据当时一位留法同学许德珩回忆：

和森在出国前曾在保定留法预备班学习了法文，也阅读了一些社会主义著作。他到蒙达尼以后，因病没有进工厂作工，在短短的时间内收集了大量关于马克思主义和各国革命运动的小册子，择其重要急需者猛看猛译，经过日日夜夜的辛勤工作，把有关世界大势、俄国革命的情况，以及社会主义的各种派别，基本上搞清了。当晚，和森与我们座谈，发表他对改造中国和世界应该走什么道路问题的看法。

1920年7月5日至10日，蔡和森和向警予、陈绍休、萧子暲、张昆弟、罗学瓒、蔡畅、李维汉、熊季光、熊叔彬、欧阳泽、萧子升等20余名赴法新民学会会员在蒙达尼男子公学开会。会议确定以蔡和森提出的“改造中国与世界”为学会的新宗旨，这比学会刚成立时“革新学术，砥砺品行，改良人心风俗”的提法前进了一大步，不再主要作用于个人修养的提升，而是勇敢地承担起改造中国社会的责任。但如何改造中国与世界呢？会议上出现了明显的分歧，形成了以蔡和森为代表的激烈派和以萧子升为代表的温和派。这两派各自拥有部分支持者，但都没有形成压倒性优势。李维汉回忆说：

一种意见是蔡和森提出的，主张激烈的革命，组织共产党，实行无产阶级专政，即仿效俄国十月革命的方法；另一种意见是萧子升提出的，主张温和的革命，即无政府主义的蒲鲁东的方法，实质上是资产阶级改良主义。和森提出的主张，对于多数与会者，特别是临开会前才到达蒙达尼的人们来得比较骤然，缺乏充分考虑的时间，因此对于两种相对立的主张，在会上没有能展开讨论。会议乃决定将两种意见写信告诉毛泽东同志，希望听取国内会员的意见。

1920年7月，赴法勤工俭学的新民学会会员在法国蒙达尼召开会议。这是与会会员的合影，右起向警予、熊琨甫、萧子暲、唐灵运、蔡畅、曾琦、蔡和森、侯昌国、萧子升、熊叔彬、罗学瓒、陈绍休、孙世灏、熊季光、张昆弟、葛健豪、欧阳泽、颜昌颐、李维汉、张增益、孙发利、陈绍常

会后，蔡和森、萧子升、李维汉等分别写信，向新民学会及毛泽东等人通报会议情况，阐述各自观点。萧子升的信写于8月初。他表示"颇不认俄式（马克思式）革命为正当，而倾向于无政府（无强权）普鲁东式之新式革命"，这种革命从教育入手，"以教育为工具"。李和笙（即李维汉）的信写于8月28日，其观点与萧子升基本一致，表示"俄国式的革命，我根本上有未敢赞同之处"。

蔡和森的信写于8月13日。信中详述了他对于社会主义的认识和组织共产党的主张。他明确提出中国必须走社会主义道路，指出："我近对各种主义综合审谛，觉社会主义真为改造世界对症之方，中国也不能外此"，而"阶级战争——无产阶级专政"是实现"社会主义之必要方法"，当务之急是组织共产党。蔡和森认为，要救国救民，就要走俄国十月革命的道路，就必须建立一个革命政党。他在信中对党的性质、指导思想等问题提出了正确的主张。他说：

> 我以为先要组织党——共产党。因为他是革命运动的发动者、宣传者、先锋队、作战部。以中国现在的情形看来，须先组织他，然后工团、合作社，才能发生有力的组织。革命运动、劳动运动，才有神经中枢。

因当时中法之间邮路不通畅，这几封信辗转数月，一直到1920年11月才送达毛泽东手中。毛泽东在发动湖南自治运动时，总结俄国十月革命成功的经验，在于"有主义（布尔什维克主义）、有时机（第一次世界大战中俄国战败）、有预备、有真正可靠的党众"。蔡和森的来信，正合他的心意。经过深思熟虑，12月1日，毛泽东写信给蔡和森、萧子

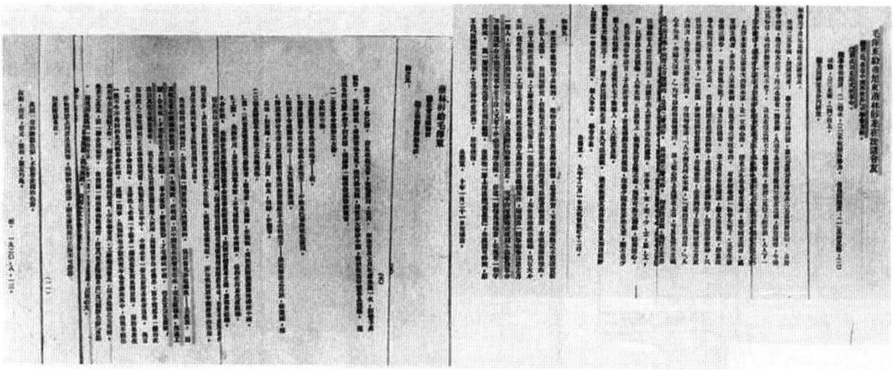

1920年8月至1921年1月，毛泽东和蔡和森关于讨论建立中国共产党问题的通信。载《新民学会会员通信集》

升及其他在法会友，对蒙达尼会议确定的新民学会新宗旨表示完全赞同，并对他们的不同意见作出明确的选择：“我于子升、和笙（即李维汉）二兄的主张，不表同意。而于和森的主张，表示深切的赞同。”他说明自己赞同革命道路的理由：因为温和改良的法子，实属“理论上说得通，事实上做不到”。“历史上凡是专制主义者，或帝国主义者，或军国主义者，非等到人家来推倒，决没有自己肯收场的。”“俄国式的革命，是无可如何的山穷水尽诸路皆走不通了的一个变计，并不是有更好的方法弃而不采，单要采这个恐怖的方法。”

1920年9月16日，蔡和森再次写信给毛泽东，进一步阐明了他对建党的主张，第一次旗帜鲜明地提出“正式成立一个中国共产党”，并具体提出了组党的4个步骤：

（1）结合抱有此种了解及主张的人，组织一个研究宣传的团体及出版物。（2）普遍联络各处做一个要求集会、结社、出版自由的运动，取消治安警察法及报纸条例。（3）严格的物色确实党员，分布各职业机关，工厂、农场、议会等处。（4）显然公布一种有力的出版物，然后明目张胆正式成立一个中国共产党。

这封信由即将回国的萧子升带给毛泽东。萧子升随后于1920年12月底回到国内，带来蔡和森的长信。毛泽东对蔡和森信中主张十分赞赏。他于1921年1月21日复一短信，热情洋溢地写道："你这一封信见地极当，我没有一个字不赞成。"同年1月1日至3日，毛泽东与何叔衡等还召集长沙新民学会会员举行"新年大会"，对蔡和森提出的问题进行了三天的热烈讨论，对于蔡和森的革命主张，大多数人表示了赞同。

蔡和森不仅第一次提出"正式成立一个中国共产党"，而且他对党的性质、指导思想等问题提出了一系列符合中国革命实际的正确主张。蔡和森以其远见卓识，有力地推动了国内早期共产主义者的建党活动。

十六　『南陈北李相约建党』

随着五四运动后马克思主义的广泛传播及其同中国工人运动的初步结合，一批接受了马克思主义的先进知识分子认识到，要用马克思主义改造中国，走十月革命的道路，在中国仅仅建立马克思学说研究机构远远不够，还必须像俄国一样成立无产阶级政党，作为革命的组织者和领导者。李大钊明确指出：中国“要急急组织一个团体。这个团体不是政客组织的政党，也不是中产阶级的民主党，乃是平民的劳动家的政党”。

最早酝酿建立无产阶级政党的是五四时期新文化运动主将、青年导师陈独秀和李大钊。

对于陈独秀、李大钊酝酿建党的最早叙述，是1927年5月24日《汉口民国日报》刊登的武昌中山大学教授高一涵5月22日下午在该校“追悼南北死难烈士大会”上的演讲《李守常[①]先生事略》。他说：

> （五四运动）时陈独秀先生因反对段祺瑞入狱三月，出狱后，与先生（指李大钊）同至武汉讲演，北京各报均登载其演辞，先生因此大触政府之忌。（陈独秀）返京后则化装同行避入先生本籍家中（河北省乐亭县）。在途中则计划组织中国共产党事。

---

① 即李大钊，字守常。1927年4月28日，李大钊在北京被奉系军阀张作霖杀害。

高一涵和陈独秀是安徽同乡，民国初年留学日本时，加盟章士钊在东京创办的《甲寅》月刊而结识陈独秀。二人志趣相投，交往甚密。此时，陈独秀“穷得只有一件汗衫，其中无数虱子在内存活”，而高一涵亦“为穷所迫，常断炊”，于是便相约共同投稿，以每月的十几元稿费勉强度日。1915年6月，陈独秀回国创办《新青年》，高应陈之约，是主要撰稿者之一。在前后9卷的《新青年》中，高一涵总共发表文章28篇，成为仅次于陈独秀的主要撰稿者。高一涵和李大钊的关系也很深厚，两人同在日本留学，“纵谈国事，所见无不合”，遂成为无话不谈的朋友。1916年初，高一涵与李大钊在日本组建“神州学会”，从事反袁活动，并一同编辑留日学生总会机关刊物《民彝》杂志。1916年7月，高一涵回国后与李大钊共同编辑《晨钟报》。不久来到北京，与李大钊应章士钊邀请任《甲寅》编辑，之后同到北京大学任教。《新青年》迁到北京后，高一涵和李大钊协助陈独秀编辑《新青年》。1918年12月，高一涵又与李大钊、陈独秀等人共同创办《每周评论》。高一涵与陈独秀、李大钊是多年的朋友且交往深厚，他的回忆应该是可信的。

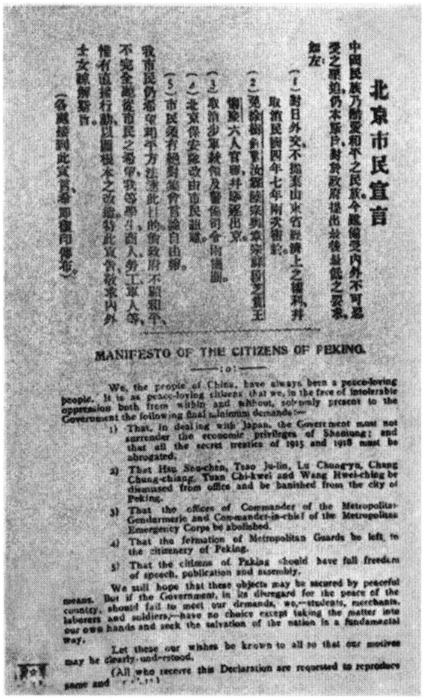
北京市民宣言

中国民族乃酷爱和平之民族。今虽备受内外不可忍受之压迫，仍本斯旨，对于政府提出最后最低之要求如左：

（1）对日外交，不抛弃山东省经济上之权利，并取消民国四年七年两次密约。

（2）免徐树铮、曹汝霖、陆宗舆、章宗祥、段芝贵、王怀庆六人官职，并驱逐出京。

（3）取消步军统领及警备司令两机关。

（4）北京保安队改由市民组织。

（5）市民须有绝对集会言论自由权。

我市民仍希望和平方法达此目的。倘政府不顾和平，不完全听从市民之希望，我等学生、商人、劳工、军人等，惟有直接行动以图根本之改造。特此宣言，敬求内外士女谅解斯旨。

（各处接到此宣言，希即复印传布。）

MANIFESTO OF THE CITIZENS OF PEKING.

——:o:——

We, the people of China, have always been a peace-loving people. It is as peace-loving citizens that we, in the face of intolerable oppression both from within and without, solemnly present to the Government the following final minimum demands:—

1) That, in dealing with Japan, the Government must not surrender the economic privileges of Shantung; and that all the secret treaties of 1915 and 1918 must be abrogated.

2) That Hsu Shu-chen, Tsao Ju-lin, Lu Chung-yu, Chang Chung-chiang, Tuan Chi-kwei and Wang Hwei-ching be dismissed from office and be banished from the city of Peking.

3) That the offices of Commander of the Metropolitan Gendarmerie and Commander-in-chief of the Metropolitan Emergency Corps be abolished.

4) That the formation of Metropolitan Guards be left to the citizenry of Peking.

5) That the citizens of Peking should have full freedom of speech, publication and assembly.

We still hope that these objects may be secured by peaceful means. But if the Government, in its disregard for the peace of the country, should fail to meet our demands, we,—students, merchants, laborers and soldiers,—have no choice except taking the matter into our own hands and seek the salvation of the nation in a fundamental way.

Let these our wishes be known to all so that our motives may be clearly understood.

(All who receive this Declaration are requested to reproduce same and [illegible])

陈独秀起草的《北京市民宣言》，英译文为胡适翻译

1919年6月11日晚，为了营救在五四运动中被捕的学生，陈独秀起草了《北京市民宣言》，并来到北京前门外人流密集的新世界游艺场，当他站在五层屋顶花园，手持传单正欲抛撒时，被潜伏跟踪的京师警察厅便衣

北京新世界游艺场（位处前门外香厂路与万明路交叉路口）外景

暗探发觉，将他逮捕。胡适回忆说：

陈氏是在发散他那自撰并出资自印的反政府传单之时被捕的。此事发生在北京城南一个叫做“新世界”的娱乐场所。那时陈独秀、高一涵和我三位安徽同乡正在该处吃茶聊天。陈氏从他的衣袋中取出一些传单来向其他桌子上发散……我们三人原在一起吃茶，未几，一涵和我便先回来了。独秀一人留下，他仍在继续散发他的传单。不久警察便来了，把独秀拘捕起来送入警察总署的监牢。我直到夜半才有人打电话告知此事。独秀被捕之后，始终未经公开审讯，但是一关便关了83天[①]。所幸他的一大群安徽同乡和老朋友

① 回忆有误，应为98天。

们，终于把他于8月[1]间保释出狱。

1919年6月13日，北京《晨报》率先披露了陈独秀被捕消息。14日，上海《民国日报》全文转载了《北京市民宣言》，15日又发表《北京军警逮捕陈独秀，黑暗势力猖獗》的述评。此后舆论鼎沸，群情激愤，全国各界和社会知名人士强烈谴责北洋政府的倒行逆施，要求立即将陈独秀释放出狱。慑于社会舆论的强大压力，京师警察厅被迫于9月16日以安徽同乡“保释”的名义释放了被关押98天的陈独秀，但其行动受到很多限制，被明令警告“不得擅自离京”。

1920年1月29日，陈独秀应汪精卫、章士钊的邀请，秘密离开北京到达上海，与他们共商筹办事宜，并计划去武汉讲学后再回北京。2月4日，陈独秀抵达武汉后，马不停蹄，前往各处演讲。2月5日，他在武昌文华大学作了《社会改造的方法与信仰》的演讲，鼓吹实行彻底的社会改造，提出：一要打破阶级制度，实行平民社会主义；二要打破继承制度，实行共同劳动工作；三要打破遗产制度，不使田地归私人传留享有，应归为社会的共产。陈独秀的演讲轰动武汉社会各界，武汉的《国民新报》和《汉口新闻报》还报道了他在武汉的活动和言论，引起北洋政府注意，“湖北官吏对于陈氏主张之主义，大为惊骇，令其休止演讲，速（离）去武汉”。2月7日晚，陈独秀乘火车离开武汉返回北京。

陈独秀的武汉之行，北洋政府当局开始并不知晓，当从武汉报纸中得知陈独秀活动和演说的消息后大为恼怒。陈独秀回到北京后，京师警察厅立即派人前来家中，盘问他近几天的行踪。陈独秀意识到事态不

---

① 回忆有误，应为9月。

好，于是先躲到胡适家，但考虑到陈、胡密切的关系人尽皆知，胡家也可能被搜捕，又转到李大钊家中，最后在李大钊亲自护送下逃离北京。

2月中旬的一天，陈独秀和李大钊扮作商人，坐一辆骡车，先到李大钊的老家河北省乐亭县大黑坨村。在大黑坨村住了几天，然后起程去天津，再由天津乘轮船到上海。

有关李大钊护送陈独秀出险的具体细节，高一涵后来回忆说：

> 李大钊挺身而出，自愿护送陈独秀从公路出走。因李大钊是乐亭人，讲的是北方话，衣着又朴素，很像生意人。时当阴历年底，正是北京一带生意人往各地收账的时候。于是他们两个人雇了一辆骡车，从朝阳门出走南下。陈独秀也装扮起来，头戴毡帽，身穿王星拱家里厨师的一件背心，油迹满衣，光着发亮。陈独秀坐在骡车里面，李大钊跨在车把上。携带几本账簿，印成店家红纸片子。沿途住店一切交涉，都由李大钊出面办理，不要陈独秀张口，恐怕漏出南方人的口音。因此，一路顺利地到了天津，即购买外国船票，让陈独秀坐船前往上海。李大钊回京后，等到陈独秀从上海来信，才向我们报告此行的经过。

这次分手后，陈独秀去了上海，李大钊回到北京，分别在南方和北方进行建立中国共产党的筹备工作，由此在党史上留下了“南陈北李相约建党”的佳话。

2月19日，陈独秀从天津抵达上海。此后，他联络一批五四期间有影响的宣传社会主义思想的先进分子，如《星期评论》的李汉俊、沈玄庐、施存统、俞秀松，上海《民国日报》副刊《觉悟》主编邵力子、助编陈望道，商务印书馆的沈雁冰以及从日本回国的李达等人，利用各种进步书刊，介绍俄国十月社会主义革命的情况，宣传马克思主义，宣传新思想。

五四爱国运动中工人力量的表现，使陈独秀意识到仅仅依靠学生力量开展革命太过于薄弱，必须对工人群众进行启蒙和组织，必须发挥工人阶级的作用，必须创建一个无产阶级的政党。于是他将目光从以青年学生为主转向以工农大众为主，并从新文化运动积极转向建党活动。

正当陈独秀、李大钊积极筹备建党的时候，1920年4月，经共产国际批准，俄共（布）远东局派遣维经斯基等人来到中国。他们首先在北京找到了李大钊，然后又到上海找到了陈独秀。他们在北京和上海，同当地共产主义知识分子以及其他进步人士进行了广泛的接触、座谈。通过座谈，维经斯基了解了五四爱国运动以及五四后中国工人运动和马克思主义传播的情况。维经斯基根据在北京和上海的所见所闻，认为中国已经具备了成立共产党的条件，建议李大钊、陈独秀立即发起组织中国共产党。维经斯基的建议，和李大钊、陈独秀等人的愿望不谋而合。双方的谈话非常投机，就尽快在中国筹建共产党组织达成了共识。

1920年5月，在维经斯基的推动下，陈独秀在上海发起成立“马克思主义研究会”，成员有李汉俊、沈玄庐、陈望道、施存统、俞秀松、邵力子、沈雁冰、杨明斋等。研究会通过组织座谈会、报告会、翻译进步书籍和撰写文章的方式学习和研究马克思主义的理论，酝酿成立共产党。陈望道回忆说：

> 我于一九二〇年四、五月间到上海。……同时，陈独秀也从北京被赶到上海。我们几个人，是被赶拢来的。此外，邵力子在复旦

大学文学院任中文系系主任。大家住得很近（都在法租界），经常在一起，反复的（地）谈，越谈越觉得有组织中国共产党的必要，便组织了“马克思主义研究会”。这是一个秘密的组织，没有纲领，会员入会也没有成文的手续，参加者有：陈独秀、沈雁冰、李达、李汉俊、陈望道、邵力子等，先由陈独秀负责。

邵力子也回忆说：

马克思主义研究会开始时，只是翻译和写文章宣传马克思主义。……后来，我们一面觉得只做宣传、研究工作是不够的，有学习布尔什维克的作风，建立严密的组织的必要，同时也看到时机已经成熟，青年中接受马克思主义思想的人也不少，应该组织起来。

此前的1920年3月，李大钊已在北京大学发起成立中国第一个学习和研究马克思主义的团体——马克思学说研究会。研究会成员朱务善回忆说，成立研究会，“这是马克思主义者的结合，企图建立共产党”。

“南陈北李”分别在中国南方和北方进行建党的筹备工作，为中国共产党早期组织的建立作了理论上、思想上和组织上的准备，此后南陈北李携手创建中国共产党，拉开了中国历史上开天辟地的一幕。

十七　维经斯基使华

俄国十月革命以后，苏俄远东地区处于帝国主义武装干涉和白俄的统治下，中国北洋军阀政府配合这些反动势力，封锁了中俄边界，使中俄交通阻断。1919年下半年和1920年初，苏俄红军越过乌拉尔山东进，帝国主义武装干涉和白俄势力遭到失败，北洋军阀封锁边境的政策也随之破产，中俄边境重新开放。这样使得中俄两国革命者可以建立直接的联系。

1919年，中国发生五四运动的消息传到俄国以后，立即引起共产国际和俄国共产党的重视。1920年1月，设在海参崴（今符拉迪沃斯托克）的俄共（布）远东地区委员会负责人致函俄共（布）中央委员会，要求同中国革命者建立经常的联系。1920年4月，经共产国际批准，俄共（布）远东局海参崴分局外国处派遣维经斯基来华，了解五四运动后中国国内情况，并同中国的革命组织建立联系。随行的有俄籍华人、翻译杨明斋等。维经斯基此次来华的具体情形，由于年代久远，史料匮乏，只能通过一些当事人的回忆，来探寻模糊的历史细节。

维经斯基，1893年4月出生于俄国维切布斯克州涅韦尔市的小职员家庭，全名格里高利·纳乌莫维奇·维经斯基。他早年在维切布斯克一个印刷厂当了三年排字工人，在斯托鲁吉别雷当了三年会计。1913年为谋生移居美国。十月革命胜利后，他于1918年春回国到海参崴，并加入俄共（布）。国内战争时期，在西伯利亚和远东地区做地下工作，反对高尔察克。1919年5月，他在海参崴被白俄逮捕，被判无期徒刑，流放到库页岛服苦役。1920年1月高尔察克被击败后，他联合岛上的政治犯举行暴动，获得自由，回到海参崴并参加了共产国际执行委员会机关的工作。

维经斯基（1893—1953），在中国化名吴廷康，俄国人

1920年春，俄共（布）远东局决定派一个代表团到中国。27岁的维经斯基由于历经革命斗争的严酷考验，表现出对党的赤胆忠心，并具有丰富的地下工作经验，能讲流利的英语，便于在国外开展工作，在物色人选时被选中担任代表团的负责人。1920年4月，维经斯基以俄文《生活报》记者的身份前往中国，名义上的使命是在中国组建一家华俄通讯社。为了工作上的便利，维经斯基还给自己取了一个中国名字叫吴廷康。罗章龙回忆说：

维金（经）斯基年纪四十开外，文质彬彬，学者风度，在谈话中，他表示来华前，对中国问题曾作过研究，特别是从辛亥革命到五四运动。他很关心中国革命的发展。从他的谈话中可以看出他确实阅读了不少有关中国问题的书籍。他曾谈到义和团和同盟会主要人物的思想及活动等，又询问五四运动以来北大学生运动的情况，从《新青年》杂志起旁及北大内部教员、学生的思想情况。通过与他谈话，我感到维金斯基是一个学问渊博、思想革命的人。他还对国际社会主义运动作了详尽介绍。

杨明斋，1882年出生于山东省平度县马戈庄一个农民家庭。他7岁入本村私塾读书，15岁读完四书五经，后由于家庭贫困辍学务农。1901年，19岁的杨明斋为生活所迫，辗转来到沙俄统治下的海参崴，一边做工一边学习俄语。1908年春，他来到西伯利亚，在顿巴斯和库兹巴斯矿区半工半读，同在那里从事开矿、修路等繁重劳动的华工密切接触，并结识了一些布尔什维克党人，开始接受马克思主义。他通晓俄文，善于人际交往，在业余时间经常给工友们读报纸，讲革命道理，深得华工的信赖和敬重。他积极参加布尔什维克党领导的工人运动，被推选为华侨工人的代表。俄国十月革命前，他加入布尔什维克党。十月革命胜利后，帝国主义和俄国反动势力向苏维埃政权发动疯狂的进攻，他动员华工们参加苏俄红军，保卫新生的苏维埃政权。战争结束后，他被党组织保送到莫斯科东方大学深造。1920年毕业后，他被派回到被日本帝国主义占领的海参崴，以华侨联合会负责人的公开身份从事秘密革命工作。

杨明斋（1882—1938），山东平度人

由于杨明斋对党忠实，得到俄共（布）和共产国际的信任，有一定的马克思主义理论水平，既通晓中文和俄文，又了解苏俄和中国的情况，再加上他和维经斯基曾一起在海参崴从事过革命斗争，相互比较熟悉，因此他被选中作为维经斯基的翻译和助手来中国工作。李达回忆说：

当时我们有一个很早的同志叫杨明斋，山东人，那时就有四十多岁，他曾经在帝俄的东方大学呆（待）过，所以会俄文，维金斯基来中国后就由他翻译。他翻译时很有意思，维金斯基的话也好，我们的话也好，他认为不对的全不翻。这个同志的马列主义水平也不高，但却是个好人。

1920年4月，维经斯基一行抵达北京。此时恰逢苏俄政府1919年7月25日发表的“苏俄第一次对华宣言”传到中国，宣言宣布废除沙皇政府同中国签订的不平等条约，放弃在中国的特权，这与不久前欧美列强在巴黎和会上出卖中国权益的丑恶行径形成了鲜明的对照。“北京学生界和文化团体首先表示欢迎，在上海的全国各界联合会和各派人物也都为之兴奋。”广大民众对苏俄普遍抱有好感，中国先进分子对维经斯基等人的到来也表示由衷的欢迎。

当维经斯基到达北京后，很快就通过在北京大学任教的两个俄籍教授柏烈伟和伊凡诺夫（中文名字叫伊文）的介绍结识了李大钊，受到李大钊的热情接待。张国焘回忆说：

1920年，约在5月间，共产国际伊尔库斯克远东局派了一位代表威金斯基（即维经斯基）来华，他以记者身份偕同旅俄华侨（具有俄共党籍）杨明斋作助手，路经北京，由柏烈伟介绍与李大钊先生接触。据杨明斋后告诉我，他和威金斯基初来中国的时候，对于中国情形十分陌生。他们的使命是要联络中国共产主义运动的领袖人物，但不知找谁是好。他们从少数俄侨口中探得了一些五四运动的情形，知道现居上海的陈独秀是这一运动的领袖，而上海又是社会主义运动的一个中心，因此他向威金斯基建议立即去上海找陈先生。他虽对陈先生毫无所知，但认为中国的共产主义运动必须找有学问的人才能号召。威金斯基接受了他的建议，因而找到北大俄国籍教员柏烈伟作介，首先认识了李先生，再拿着李先生的介绍信到上海去找陈独秀。

在李大钊的安排下，维经斯基等人参加了一系列欢迎会、座谈会和讲演会，邀请进步人士和革命青年出席。维经斯基在会上详细介绍了十月革命后俄国政治、经济、教育等各方面的情况，以及共产国际和国际共产主义运动的状况和经验。通过介绍，以李大钊为代表的中国早期共产主义者坚定了走俄国十月革命道路的信心。罗章龙回忆说：

> 我们同维经斯基见面的谈话会，是在（北京大学）图书馆举行的。会上，他首先介绍了十月革命。他还带来了一些书刊，如《国际》、《震撼世界十日记》等。后者是美国记者介绍十月革命的英文书。他为了便利不懂俄文的人也能看，所带的书，除俄文版外，还有英文、德文版本。维经斯基在会上还详细介绍了苏俄的各项政策、法令，如土地法令，工业、矿山、银行等收归国有的政策，工厂实行工人监督与管理，苏俄国民经济最高委员会管理全国经济工作的制度，列宁提出的电气化的宏伟规划等。这次谈话内容相当广泛。当时我们很想了解十月革命，了解革命后的俄国，他谈的这些情况，使我们耳目一新，大家非常感兴趣。这就使我们对苏维埃制度从政治、经济、军事到文化都有了一个比较清楚的认识，看到了一个新型的社会主义社会的轮廓。

在召开了几次座谈会以后，维经斯基认为北京的先进分子应当建立共产党组织，李大钊表示同意。4月下旬，经李大钊介绍，维经斯基一行前往上海会见陈独秀。

维经斯基一行抵达上海后，通过陈独秀，邀请《民国日报》副刊《觉悟》主编邵力子、助编陈望道，《星期评论》的李汉俊、沈玄庐、俞秀松、施存统，商务印书馆的沈雁冰等一批在五四运动中涌现出来的先进分子，以及《星期评论》主编戴季陶、《时事新报》主编张东荪等一些社会主义宣传者，在陈独秀寓居的法租界环龙路老渔阳里2号召开一系列座谈会，商讨中国社会改造及筹建共产党问题。

在座谈会上，大家热情向维经斯基了解十月革命后的俄国情况，畅谈中国的社会改造问题。但由于参加座谈会的人政治倾向不一，未能就建党问题达成一致意见。一些具有初步共产主义思想的青年知识分子，如邵力子、陈望道、李汉俊、沈玄庐、俞秀松、施存统、沈雁冰、杨明斋等，信仰社会主义和共产主义，主张成立共产党，他们不久以后都参加了由陈独秀发起成立的马克思主义研究会，后来都成了建党的酝酿者、参与者或发起者。而挂着宣传“社会主义”招牌的戴季陶、张东荪因政见不合，参加几次座谈会后就退出了。据沈雁冰回忆：“张东荪所持的理由是：他原以为这个组织是学术研究性质，现在说这就是共产党，那他不能参加，因为他是研究系，他还不打算脱离研究系。”戴季陶早年参加同盟会，曾追随孙中山从事革命工作。他“不干的理由是怕违背了孙中山的三民主义”。周佛海后来回忆说：

有一天我和张东荪、沈雁冰，去环龙路渔阳里2号访仲甫。当时有第三国际远东代表俄人魏金斯基（即维经斯基）在座。魏大意说："中国现在关于新思想的潮流，虽然澎湃，但是第一太复杂，有无政府主义、工团主义、社会民主主义、基尔特社会主义，五花八门，没有一个主流，使思想界成为混乱局面。第二，没有组织。做文章，说空话的人多，实际行动，一点都没有。这样决不能推动中国革命"。他的结论，就是希望我们组织"中国共产党"。当天讨论没有结果，东荪是不赞成的，所以以后的会议，他都没有参加。我和雁冰是赞成的。经了几次会商之后，便决定组织起来。

维经斯基经过在北京和上海的考察，认为中国已经基本具备建立共产党的条件。维经斯基在沪期间，多次和陈独秀就中国革命问题交换了意见。他们一致认为，中国共产主义组织的创建条件已经成熟。

维经斯基的到来，犹如一服催化剂，适应了中国历史发展的需要，加速了中国共产党建立的进程。

十八 『中国共产党』在上海发起

维经斯基在北京、上海的一系列活动，为中国共产主义组织的成立注入了催化剂。在维经斯基等人的帮助下，陈独秀以上海马克思主义研究会为基础，加快了建党工作的步伐。

1920年8月，上海的共产党早期组织在法租界环龙路老渔阳里2号陈独秀寓所正式成立

1920年6月，陈独秀在其位于法租界环龙路老渔阳里2号的寓所，同李汉俊、俞秀松、施存统、陈公培开会商议，决定成立共产党早期地下组织，并初步定名为“社会共产党”，还起草了党的纲领。党纲草案共有10条，其中包括运用劳工专政、生产合作等手段达到社会革命的目的。施存统回忆说：

> 1920年6月间，陈独秀、李汉俊、沈仲九、刘大白、陈公培、施存统、俞秀松，还有一个女的（名字已忘），在陈独秀家里集会，沈玄庐拉戴季陶去，戴到时声明不参加共产党，大家不欢而散，没有开成会。第二次，陈独秀、俞秀松、李汉俊、施存统、陈公培五人，开会筹备成立共产党，选举陈独秀为书记。并由上述五人起草党纲。不久，我和陈公培出国。

上海共产党早期组织成立的地点老渔阳里2号，是一幢两层砖木结构的旧式石库门住宅，原为辛亥革命时期安徽都督柏文蔚的私宅，人称“柏公馆”。柏与陈独秀早年都参加过反清秘密组织岳王会。清王朝被推翻后，柏文蔚接任安徽都督，遂任命陈独秀为都督府秘书长，并视为心腹。1920年2月，陈独秀逃离北洋政府控制由北京潜返上海，居无定所，急寻住处。此时柏文蔚恰好另有新居搬离上海，便将这栋宅邸交由陈独秀居住。4月间，向来性格刚强、不肯求人的陈独秀接受柏的邀请住进此楼，楼上作为陈独秀夫妇生活起居，楼下作为《新青年》编辑部及会客开会处。

参加老渔阳里2号会议的这5个人成为中国共产党历史上第一批党员。这5个人除了中国早期马克思主义传播者陈独秀、李汉俊外，还有浙江第一师范学校学生俞秀松、施存统以及到上海准备赴法勤工俭学的陈公培。

俞秀松，1899年出生于浙江诸暨。1916年考入位于杭州的浙江省立第一师范学校，其间经常阅读传播新思想、新文化的书刊。1919年五四爱国运动中，他与宣中华等人领导杭州14所中等以上学校3000名学生罢课游行，是杭州学生运动的领袖。五四运动后，他与同学施存统等人创办进步刊物《浙江新潮》，猛烈抨击黑暗的社会制度和虚伪的封建礼教。不久《浙江新潮》遭到反动当局查禁，俞秀松等人也被迫离开学校。1919年12月，他和施存统来到北京加入王光祈、陈独秀、李大钊等人发起组织的工读互助团。1920年3月工读互助团解散后，他来到上

1919年底至1920年初，数十名热血青年组织了北京工读互助团，实行半工半读，试验共产生活。曾分为四组，均先后失败。图为从杭州赶来北京的俞秀松入团第一天纪念照。照片背面的家信中描述了他的思想状况

海并进入进步刊物《星期评论》社工作，不久通过老师和同乡邵力子、沈玄庐等进步知识分子，结识了陈独秀。他从工读互助团失败中吸取深刻的教训，在陈独秀的影响下，逐渐接受马克思主义。1920年5月，他加入陈独秀发起的马克思主义研究会。

施存统，1899年出生于浙江金华，又名施复亮。1917年考入浙江省立第一师范学校，其间接受新思想。1919年11月，他在《浙江新潮》上发表反对封建思想的《非孝》一文，引起社会轰动，被学校开除。1919年12月，他和俞秀松一起来到北京参加工读互助团。1920年3月工读互助团解散后，他和俞秀松来到上海，进入《星期评论》社工作。在这里，施存统由俞秀松介绍，认识了戴季陶，又由戴介绍认识了陈独秀。5月1日，他和陈独秀、陈望道参加了1920年在上海澄衷中学举行的庆祝五一国际劳动节的大会，在陈独秀影响下开始信仰马克思主义。1920年5月加入陈独秀发起的马克思主义研究会。

陈公培，1901年出生于湖南长沙。1918年秋入南京金陵大学农学院学习。1919年6月受五四爱国运动的激励，他毅然放弃学业只身来到北京。当年秋，他考入法文专修馆学习法文。1920年1月，他与俞秀松、施存统一起参加北京工读互助团。同年3月该团解散后，他来到上海，准备到法国勤工俭学。他在这里接触到马克思主义，在《民国日报》副刊《觉悟》上连续发表文章，宣传马克思主义的观点。

关于党的名称，陈独秀等人一开始把党称为“社会共产党”，表明叫“社会党”还是“共产党”还有争议，陈独秀也犹豫不定。1920年8月中旬，陈独秀写信给李大钊征求对于党的名称的意见，李大钊主张定名为“共产党”，陈独秀采纳了李大钊的意见，此后不再使用“社会党”的提法了。张申府后来回忆说：

党的名称叫什么，是叫社会党，还是叫共产党，陈独秀自己不能决定，就写信给我，并要我告诉李守常……当时建党究竟叫什么名字，还没有确定，征求我们的意见。我和守常研究，就叫共产党，这才是第三国际的意见，我们回了信。

1920年7月19日，维经斯基在上海召开积极分子会议。会上，陈独秀、李汉俊等坚决主张在全国范围内建立共产党。苏联学者舍维廖夫在《中国共产党成立史》一文中指出：

1920年7月19日，在上海举行了“中国积极分子”会议。这次会议为未来的中国共产党奠定了基础。会上，陈独秀、李汉俊、沈玄庐坚决赞成建立中国共产党。不久，李达、施存统、周佛海、俞秀松和其他人也同意了他们的意见。这样，上海出现了以陈独秀为首的共产主义小组。

经过一段时间的筹备，8月的一天，在陈独秀主持下，上海的共产党早期组织在老渔阳里2号陈独秀寓所正式成立，当时取名为“中国共产党”。这是中国最早的共产党组织，其成员主要是马克思主义研究会的骨干，陈独秀为书记。李达回忆说：

（1920年8月）我（由日本）回到上海以后，首先访问陈独秀，谈起组织社会革命党派的事，他说他和李汉俊正在准备发起组织中共，就邀我参加，做了发起人。这时的发起人，一共是八人，即陈独秀、李汉俊、沈玄庐、陈望道、俞秀松、施存统（时在日本）、杨明斋、李达。每次开会时，吴廷康都来参加。首先拟定一个类似党章的东西，是由李汉俊用两张八行格纸写的。所谓党纲，只有“劳工专政，生产合作”八个字。首次决议，推陈独秀担任书记，函约各地社会主义分子组织支部。

到1921年7月党的一大召开之前，先后参加上海共产党早期组织的有17人：陈独秀、俞秀松、李汉俊、陈公培、陈望道、沈玄庐、杨明斋、施存统（施复亮）、李达、邵力子、沈雁冰、林祖涵（林伯渠）、李启汉、袁振英、李中、沈泽民、周佛海等。1920年12月，陈独秀由上海赴广州后，李汉俊和李达先后代理过书记的职务。

上海是中国工人阶级最密集的中心城市，是马克思主义传播的南方重镇，集聚了先进生产力和先进文化。上海也是资产阶级民主革命的摇篮，是各种新思潮的发源地。上海交通便利、通信发达、租界林立、政出多头，具有国际影响，有利于接通海内外革命势力。上海特有的公共租界、法租界、华界“一市三治”的城市格局，为革命力量提供了生存缝隙。此外五四运动前后，上海培育了一支信仰并宣传马克思主义的基本队伍，因而成为中国共产党的诞生地。

此后，陈独秀和上海共产党早期组织通过写信联系、派人指导或具体组织等方式，积极指导和推动各地共产党早期组织的建立。

上海共产党早期组织成立后不久，陈独秀便写信请李大钊在北京发起成立共产党组织，并负责北方的建党工作，李大钊表示完全赞成。长沙共产党早期组织是陈独秀通过信函委托毛泽东创建起来的，陈独秀确定“湖南由毛泽东负责”。武汉共产党早期组织是陈独秀在上海发展刘伯垂入党，并派他到武汉建党，同时上海党组织成员李汉

上海外滩旧景

俊写信给武汉的董必武，要他在当地筹建党组织，董必武和刘伯垂商谈后建立起来的。济南共产党早期组织是由陈独秀函约山东知名进步人士王乐平，王乐平推荐王尽美、邓恩铭建立的。广州共产党早期组织是由陈独秀1920年12月从上海到广州后帮助建立的。上海党组织成员施存统和周佛海相继去了日本，在陈独秀的指示下，两人于1921年4月下旬在东京建立了旅日共产党早期组织。1920年11月，陈独秀委托前往法国途经上海的北京党组织成员张申府负责建立旅法党的早期组织。1921年春，已先期来到法国的上海党组织成员陈公培、赵世炎经陈独秀联系，与张申府接上关系，在巴黎成立了旅法共产党早期组织。

由此可见，在中国共产党创建过程中，陈独秀起着重要作用。陈独秀在上海成立的共产党早期组织，实际上是中国共产党的发起组织，是各地共产主义者开展建党活动的联络中心。对于陈独秀的建党之功，毛泽东1945年4月在党的七大预备会议上作了十分中肯的评价，他说：

关于陈独秀这个人，我们今天可以讲一讲，他是有过功劳的。他是五四运动时期的总司令，整个运动实际上是他领导的，他与周围的一群人，如李大钊同志等，是起了大作用的。我们那个时候学习作白话文，听他说什么文章要加标点符号，这是一大发明，又听他说世界上有马克思主义。我们是他们那一代人的学生。五四运动替中国共产党准备了干部。那个时候有《新青年》杂志，是陈独秀主编的。被这个杂志和五四运动警醒起来的人，后头有一部分进了共产党，这些人受陈独秀和他周围一群人的影响很大，可以说是由他们集合起来，这才成立了党。……关于陈独秀，将来修党史的时候，还是要讲到他。

上海共产党早期组织是中国最先成立的共产党早期组织。它的成立表明中国早期马克思主义者在黑暗的中国第一次勇敢地高举起共产党的旗帜，对于促进和推动各地建立党团组织，以及筹备召开中国共产党第一次全国代表大会起到了重要作用。

十九　暗夜里的一缕曙光

在上海的共产党早期组织即中国共产党发起组的联络推动下，北京、武汉、长沙、广州、济南及旅日、旅法华人中的先进分子群起响应，相继成立了各自的共产党早期组织。这些共产党早期组织如同暗夜里的一缕曙光，给沉睡已久的神州大地带来黎明，给古老的中华民族带来希望，给苦难的人民带来新生的光明。

北京的共产党早期组织是在李大钊的主持下成立的。1920年3月，李大钊发起成立了北京大学马克思学说研究会，聚集了邓中夏、高君宇、何孟雄等一批具有共产主义思想的青年知识分子，并引导他们走同工人结合的道路，从而为建党作思想上、理论上和组织上的准备。

1920年4月，李大钊在送走维经斯基去上海后，在北京积极从事建党的筹备工作。8月底，北京大学学生张国焘从上海陈独秀处回到北京，把陈独秀所谈的有关建党意见转告李大钊，希望李大钊“从速在北方发动”，尽快“组织北京小组”等，李大钊对于这些意见“略经考虑，即无保留的表示赞成”，认为“上海所拟议的要点都是切实可行的，在北京可以依照着发动起来”。

1920年10月，北京的共产党早期组织在北京大学图书馆李大钊的办公室正式成立。当时取名为“共产党小组”。党组织的最初成员有李大钊、张申府、张国焘三人。

1920年10月，北京的共产党早期组织在北京大学图书馆李大钊的办公室正式成立

张申府，1893年出生于河北献县的一个书香门第。18岁考入北京大学数学系。1917年从北大毕业后留校任数学助教。他积极投身于新文化运动，经常为《新青年》杂志撰稿，与陈独秀有密切联系。曾担任过北大图书馆馆长室秘书，协助馆长李大钊工作。1918年冬，他和陈独秀、李大钊一起参加《每周评论》的创办工作。1919年参加五四反帝爱国运动，7月加入李大钊组建的少年中国学会。1920年9月南下迎接英国哲学家罗素来华讲学时，曾在上海与陈独秀商讨建党事宜。张申府回忆说：

1920年9月十几号，因罗素来中国讲学，我去接罗素，到了上海，就住在渔阳里二号陈独秀家里。这就是当时党部所在。

罗素在上海待了几天，由傅铜（英国留学生，北大哲学教授）陪着他先到长沙讲学。9月下旬，我就回北京了。在上海时，我同陈独秀谈过建党的事，我们认为既然组织起来了，就要发展，能入党的人最好都吸取到党内来。从上海回京后，我把和陈独秀谈的情况告诉了李守常。当时北京只有我和李守常两个党员。我们一致认为要发展党员。

1920年10月初，张国焘从南洋参加全国学生联合会的募捐活动后回到北京，于是第三个党员就发展了张国焘。

11月下旬，张申府途经上海赴法国巴黎里昂中法大学任教，这时北京党组织就只剩下李大钊和张国焘两人，李大钊便吸收标榜自己信仰共产主义的黄凌霜、陈德荣等6名无政府主义者加入组织。紧接着又发展北大学生罗章龙、刘仁静加入组织。李大钊负总责并主持马克思学说研究会，张国焘负责工运工作，黄凌霜、陈德荣负责《劳动音》周刊的编辑和发行工作，罗章龙、刘仁静负责发起组织社会主义青年团。李大钊还从自己在北京大学当教授的120元月薪中捐出80元作为党组织的活动经费。

不久，在坚持无产阶级专政的问题上，北京党组织内共产主义者同无政府主义者之间发生严重分歧，经过一番争论，黄凌霜等无政府主义者大多退出了党组织。1921年7月党的一大召开时，北京代表提交的《北京共产主义组织的报告》指出：

在去年10月这个组织成立时，有几个假共产主义者混进了组织，这些人实际上是无政府主义分子，给我们增添了不少麻烦，可是由于过分激烈的言论，他们使自己和整个组织脱离了。他们退出以后，事情进行得比较顺利了。

1920年底，北京的共产党早期组织召开会议，决定成立“共产党北京支部”，由李大钊任书记，张国焘负责组织工作，罗章龙负责宣传工作。到1921年7月党的一大召开之前，先后参加北京党组织的有17人：李大钊、张申府、张国焘、邓中夏、罗章龙、刘仁静、高君宇、缪伯英、何孟雄、范鸿劼、张太雷、宋介、李梅羹、朱务善、江浩、吴雨铭、陈德荣。他们大多是北京大学的进步师生。

武汉的共产党早期组织，是在陈独秀和上海的共产党早期组织的直接指导下成立的。

1920年8月，上海党组织成员李汉俊写信给在武汉的董必武和张国恩，告诉他们上海已成立了共产党早期组织，希望他们在当地也组建共产主义组织。不久李汉俊又亲自到武汉，同董必武、张国恩商谈建党问题。董必武回忆说：

1920年，李汉俊这个从日本归国的学生、我的马克思主义老师，计划在上海帮助建立中国共产党，并到武汉来同我商量。我决定参加，并负责筹组党的湖北支部的基础。

与此同时，陈独秀也委派湖北鄂城人刘伯垂从上海来武汉协助董必武筹建共产党组织。刘伯垂是同盟会老会员，早年留学日本时与陈独秀相识，在五四运动中接受马克思主义，后在广州从事社会主义宣传工作。1920年6、7月间，他从广州回湖北路过上海，由陈独秀介绍加入上海党组织。他来武汉时，还随身带来了陈独秀等起草的《中国共产党纲草案》和一些马克思主义著作。包惠僧回忆说：

> （1920年）夏秋之交，刘伯垂由广州过上海回武汉，他在上海同陈独秀会谈了几次，陈独秀即吸收刘伯垂入党，并派他到武汉发展组织，介绍郑凯卿（文华书院的工友，是“五四”运动时陈独秀到武汉讲演时结识的）和我作他的助手。刘伯垂回到武汉，即找董必武、张国恩（他不久就脱离了）、陈潭秋、郑凯卿、赵子俊、包晦生（包惠僧）、赵子健等商谈，都同意加入共产党，即以上述这几个人为基础成立武汉临时支部。

1920年8月，董必武、刘伯垂、张国恩、陈潭秋、郑凯卿、包惠僧、赵子健7人共聚武昌抚院街董必武寓所，由刘伯垂主持召开秘密会议，决定成立武汉的共产党早期组织，取名为“共产党武汉支部”。会上，刘伯垂报告了上海的共产党早期组织成立的有关情况，传阅了刘伯垂从上海带来的党纲草案。由刘伯垂提议，会议推选包惠僧任书记。

1921年1月，包惠僧赴上海旋转赴广州工作，武汉党组织由陈潭秋负责。同年春又发展赵子俊入党。到1921年7月党的一大召开之前，先后参加武汉党组织的有8人，即：董必武、陈潭秋、包惠僧、刘伯垂、张国恩、赵子健、郑凯卿、赵子俊。

长沙的共产党早期组织是由毛泽东牵头创立的。1920年春夏，在酝酿筹备建党期间，毛泽东先后在北京、上海与李大钊、陈独秀有了直接的接触和联系。上海党组织成立后不久，陈独秀给毛泽东写信，约他在湖南建立党的组织。张国焘回忆说：

> 陈先生与在湖南长沙主办《湘江评论》的毛泽东等早有通信联络，他很赏识毛泽东的才干，准备去信说明原委，请他发动湖南的中共小组。

1920年11月，毛泽东收到了陈独秀、李达从上海的来信，他们在信中把上海建党情况、《中国共产党宣言》起草情况以及党纲草案10条告知毛泽东，委托毛泽东在长沙建党，还寄来了《共产党》月刊和《社会主义青年团章程》。

1920年秋冬，在反动军阀的残暴统治下，毛泽东、何叔衡以新民学会骨干为核心，采取极其隐蔽的方式开始湖南的建党工作。由于新民学会会员的信仰不完全一致，长沙的共产党早期组织成员不全是新民学会核心成员。毛泽东的好友、新民学会发起人之一萧子升晚年回忆说：

> 1920年，（新民）学会出现了分裂。在毛泽东领导下那些热衷共产主义的人，形成了一个单独的秘密组织，所有非共产党的会员，除我之外，都不知道暗中进行中的事情。

这个“单独的秘密组织”，就是长沙的共产党早期组织。毛泽东曾争取萧子升参加这个组织，二人曾彻夜长谈，终因志向不同而分道扬镳。

据推断，长沙党组织成立于1920年11月底至12月初。到1921年7月党的一大召开之前，先后参加长沙党组织的有6人：毛泽东、何叔衡、陈子博、贺民范、彭璜、易礼容。

长沙党组织成立后，以文化书社、俄罗斯研究会等群众团体名义，从事马克思主义宣传活动并开展工人运动，为湖南各地党组织的建立奠定了坚实的基础。据李达回忆：在党的第一次代表大会期间，代表们在住所交换各地工作经验时称赞，“长沙小组，宣传与工运都有了初步的成绩。看当时各地小组的情形，长沙的组织是比较统一而整齐的”。

长沙文化书社旧址

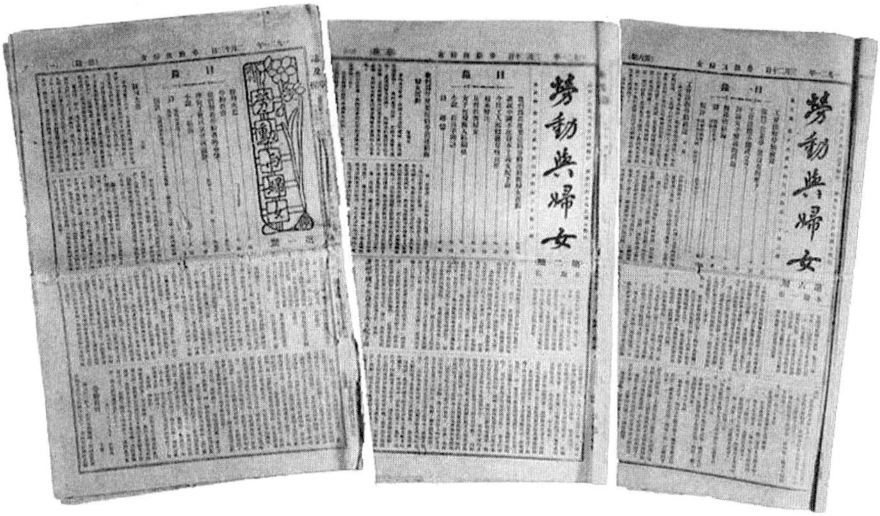

1921年2月13日，谭平山等人主办的《劳动与妇女》在广州创刊

广州的共产党早期组织是在陈独秀的筹划下建立的。

上海党组织建立后，陈独秀函约他在北京大学任教时的学生谭平山、陈公博、谭植棠，要他们在广州建立党组织。谭平山等3人在北大读书时，受陈独秀、李大钊等人的思想影响，积极参加五四运动，并初步接受了马克思主义，1920年7月从北大毕业后回到广州。他们赞成陈的主张，于同年8月间发起成立了广州社会主义青年团。他们还在10月创办了《广东群报》，不久又出版了《劳动与妇女》，大力介绍俄国十月革命的情况及其经验，宣传社会主义新思潮。

同年8、9月间，维经斯基派俄共（布）党员斯托扬诺维奇和别斯林，由北京大学粤籍学生、曾参加北京党组织的无政府主义者黄凌霜陪同从北京来到广州，开展建党活动。两位俄国共产党人到达广州后，随即被黄凌霜引荐给广州无政府主义者区声白、梁冰弦、刘石心等7人。经过一段时间的接触之后，他们于1920年10月成立了“广东共产党”，由斯托扬诺维奇、别斯林和这7名无政府主义者担任党的执行委员。由于观点不一致，谭平山、陈公博、谭植棠等人没有参加这个组织。

1920年12月，陈独秀应广东省省长兼粤军总司令陈炯明邀请，从上海南下广州任广东省教育行政委员会委员长。行前，陈独秀写信征询李大钊的意见。李大钊表示赞同，认为可以利用这个机会，在广东建立共产主义者组织。

陈独秀到达广州后，即约见谭平山、陈公博、谭植棠商谈在广州建党事宜。据当时在场的谭天度回忆，陈独秀说：“为使广东民众运动获得更大的发展，必须建立一个领导组织”。“北京、上海各地已有共产主义集团的组织，名称就叫‘共产党’。我的意见，广东也应该建立一个共产党的组织，去担负起领导民众运动的任务。”谭平山等人表示赞同陈独秀的主张。同时，陈独秀通过演讲或撰文，在自由、革命道路、生产与分配、阶级斗争、社会组织、国家政权等问题上，对无政府主义进行了全面批判，阐明了无产阶级专政的历史作用。陈独秀还把自己起草的党纲拿到“广东共产党”成员中进行讨论，区声白等无政府主义者反对必须坚持无产阶级专政的条文。随后，陈独秀与区声白在《广东群报》上就无政府主义问题展开辩论。经过多次激烈的争论，意见未能统一，无政府主义者遂宣布退出共产党组织。无政府主义者谭祖荫回忆说：

> 1921年2、3月间，陈独秀找我们开会，讨论合作问题，参加开会的人有区声白、梁冰弦、刘石心和我等五个无政府主义者，还

有新来广州的俄国代表（忘记名字，英语讲得甚好）。波金等两个俄国人没有参加。开了两次会，第一次谈在广州开展工人、农民运动问题，第二次谈到共产主义者和无政府主义者的合作问题。陈独秀说无政府主义者与共产主义者的目的不同，手段也不同。我们认为如果合作，我们可以跟你们做，革命成功后再分家。陈独秀说这样不对。我们知道合作不了，就分手了。

1921年春，陈独秀、谭平山、陈公博、谭植棠及斯托扬诺维奇、别斯林等人着手创建“真正的共产党”，当时取名为“广州共产党”。由陈独秀任书记（不久由谭平山继任），陈公博负责组织工作，谭植棠负责宣传工作，以《广东群报》为党的机关报。广州党的早期组织成立时，原上海党组织成员沈玄庐、袁振英、李季随着陈独秀到广东工作，也参加了广州党组织。此外，武汉党组织成员包惠僧滞留上海时，受上海党组织负责人李汉俊派遣于5月间到广州向陈独秀商谈工作，后暂住广州也参加了广州党组织的活动。

到1921年7月党的一大召开之前，先后参加广州党组织的有8人：陈独秀、谭平山、陈公博、谭植棠、沈玄庐、袁振英、李季、包惠僧。

山东的共产党早期组织是在陈独秀和北京的共产党早期组织的帮助下建立的。

1920年8月，上海的共产党早期组织成立后，积极指导各地的建党活动。据李达回忆，“首次决议，推陈独秀担任书记，函约各地社会主义分子组织支部”。此后，陈独秀函约“王乐平在济南组织共产党”。

王乐平是山东诸城人，早年加入中国同盟会，同盟会改组为国民党后加入国民党。民国初年被选为山东省临时参议会议员。五四运动期间，他积极支持济南学生罢课、商人罢市，曾与国会其他山东籍议员共同提出查办卖国大使案，并亲率山东各界代表团赴京请愿。他还利用省议会发动过弹劾山东督军张树元的斗争，在省内外产生了很大影响，在社会上享有较高的声望。五四运动后，他于1919年10月在济南创办了齐鲁通讯社及售书部（1920年9月扩充为齐鲁书社），公开销售北京、上海等地出版的宣传新思想的书报杂志，对山东新文化运动的开展和马克思主义的传播起了重要作用。尤其他创办的齐鲁书社，与陈独秀的《新青年》有着密切联系，并得到陈独秀的关注。

王乐平接到陈独秀邀约在济南建党的信后，没有承担此约，而是把这一任务交给了在五四运动中相识的王尽美、邓恩铭。

王尽美，1898年生于山东省莒县（今属诸城市）。1918年秋考入济南山东省立第一师范学校。1919年积极参加五四爱国运动，被推举为山东学生联合会负责人之一。同年9月领导学潮，迫使省教育厅撤换了第一师范学校校长。1920年3月，北京大学马克思学说研究会成立后，他经北京大学学生会负责人罗章龙介绍，被发展为通讯会员，后与张国焘、刘仁静等北京共产党早期组织成员时有接触。1920年秋，与邓恩铭在济南成立了公开的学术研究团体马克思学说研究会，后来会员发展到50多人。1920年11月，王尽美、邓恩铭等在济南发起成立“励新学会”，创办《励新》半月刊，介绍新思想、新文化和俄国十月革命，抨击社会现状，启发青年觉悟，会员很快发展到二三十人，为济南共产党早期组织的建立奠定了干部基础。

与此同时，李大钊曾派陈为人到济南找王尽美、邓恩铭、王翔千等人，研究在济南成立共产党早期组织的问题。

在陈独秀和北京党组织的帮助和推动下，1921年春，王尽美、邓恩铭创建了济南的共产党早期组织，成员有王尽美、邓恩铭、王翔千。丁君羊回忆说：

> 在山东首先接受马克思主义的人，当时有王尽美、邓恩铭、王翔千、王象午等人，他们在1920年成立了共产主义小组。王尽美、王象午两人当时是济南一师学生，邓在一中读书，王翔千是这两所学校的国文教员。王尽美、邓恩铭是山东党的创立者，也是初期领导人。

这样，从1920年8月到1921年春，中国国内先后有6个城市建立起共产党早期组织。同时，在陈独秀和上海党组织的推动下，旅日、旅法华人中也成立了共产党早期组织。1921年4月下旬，旅日共产党早期组织由上海党组织成员施存统和周佛海组成，陈独秀指定施存统为负责人。旅法共产党早期组织是在留法勤工俭学人员中形成的，于1921年春成立。发起人有北京党组织成员张申府和上海党组织成员赵世炎，成员有张申府、赵世炎、陈公培、刘清扬、周恩来5人。张申府回忆说：

> 我与周恩来、刘清扬、赵世炎、陈公培五人在巴黎成立了共产党小组，大家都明确是共产党员，但对外不公开，我与国内的陈独秀常有书信往来。

成立共产党早期组织的地方，多是受新文化运动和五四爱国运动的影响较深、产业工人较为集中、已经出现了一批信仰马克思主义的知识分子的中心城市。这些中心城市的共产党早期组织成立后，深入工人群众，积极开展工作，进一步促进了马克思主义同中国工人运动的结合，为正式建党准备了条件。这样，中国共产党如破茧的蚕蛹、新生的凤凰，呼之欲出了。

二十 『问题与主义』之争

五四运动前，参加以《新青年》为代表的新文化运动阵营的不同思想倾向的知识分子，在集中批判孔学、提倡科学和民主方面并没有明显的分歧。然而五四运动后，随着马克思主义的广泛传播，新文化运动阵营在新思潮的汹涌澎湃中开始发生明显的分化。

胡适（1891—1962），安徽绩溪人

以胡适为代表的一部分资产阶级知识分子，深受西方文明的洗礼，曾在初期新文化运动中发挥过重要作用，但他们不愿意看到新文化运动发展为广泛传播马克思主义的运动。他们主张在现存社会的基础上“一点一滴”进行社会改良的实用主义，反对陈独秀、李大钊等早期共产主义者主张对社会问题进行“根本解决”的马克思主义，从而引发了一场中国要马克思主义还是实用主义、要社会革命还是社会改良的激烈论争。

1910年，胡适作为第二批“庚子赔款”的留美学生，初入美国纽约康奈尔大学农学院学习，1912年春转入文学院改学哲学和文学。1915年9月，胡适进入哥伦比亚大学哲学系，师从美国实用主义哲学家杜威，成为杜威的实用主义哲学的忠实信徒。

1919年4月30日，五四运动爆发前几天，杜威夫妇应邀来中国讲学抵达上海，时为北京大学教授的胡适早早就从北京赶到上海迎候。五四运动爆发当天，胡适正陪同杜威在上海访问，并不在“现场”，直到5月26日才回到北京。6月11日，陈独秀因在北京城南散发《北京市民宣言》传单被捕，不久李大钊也因受陈独秀被捕牵连，避居河北昌黎五峰山，胡适接手了《每周评论》的编辑权。

《每周评论》由陈独秀、李大钊于1918年12月22日创刊于北京，采取小型报纸的形式，每星期日出版。《新青年》“重在阐明学理”，《每周评论》“重在批评事实”，他们共同“输入新思想”，“提倡新文学”。《每周评论》和《新青年》互为补充，宣传反帝反封建的思想，揭露北洋军阀的反动统治，报道十月革命和世界革命高潮，在社会上尤其是在青年学生中具有很大的影响，是五四运动时期著名的时事政论性刊物，影响仅次于《新青年》。五四运动爆发以后，《每周评论》连续5期用全部或大部分的篇幅，有时还增出专页，详细报道这一伟大运动并发表评

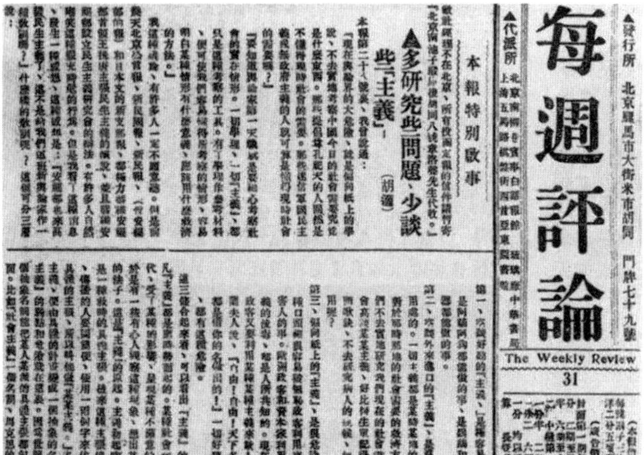
▲發行所 北京騾馬市大街米市胡同 門牌七十九號
每週評論
The Weekly Review
31
本報特別啟事
▲多研究些問題、少談些「主義」！ （胡適）

1919年7月20日，胡适在《每周评论》第三十一号发表的《多研究些问题，少谈些“主义”!》一文

论，旗帜鲜明地站在运动前面，激发人民爱国热情，鼓舞人民革命斗志，引导和推动运动深入发展。

胡适接办《每周评论》后，改变了陈独秀、李大钊的编辑方针，开始偏向社会改良，从而改变了这个刊物的进步导向。借杜威1919年4月底来华讲学的声势，胡适连续在第二十六号（1919年6月15日）、第二十七号（6月22日）刊载“杜威演讲录”，大力鼓吹实用主义哲学，在中国知识分子中产生了相当的影响。

1919年7月20日，胡适在《每周评论》第三十一号上发表了《多研究些问题，少谈些“主义”!》，否认马克思主义对中国的适用性，反对中国人接受马克思主义，反对中国走革命的道路。此后的1922年6月，从美国归来时曾发誓“20年不谈政治”的胡适在回顾这段往事时说：

> 1918年12月，我的朋友陈独秀、李守常等发起《每周评论》。那是一个谈政治的报，但我在《每周评论》做的文字总不过是小说文艺一类，不曾谈过政治。直到1919年6月中，独秀被捕，我接办《每周评论》，方才有不能不谈政治的感觉。那时……国内的“新”分子闭口不谈具体的政治问题，却高谈什么无政府主义与马克思主义。我看不过了，忍不住了——因为我是一个实用主义的信徒——于是发愤要想谈政治。我在《每周评论》第三十一号里提出我的政论的导言，叫做“多研究些问题，少谈些主义!”

胡适晚年在台湾出版的口述自传中，明确地把“问题与主义之争”称为“我和马克思主义者冲突的第一回合”。

胡适在文章中历数了谈“主义”的种种“教训”：

第一，空谈好听的“主义”，是极容易的事，是阿猫阿狗都能做的事，是鹦鹉和留声机器都能做的事。

第二，空谈外来进口的“主义”，是没有什么用处的……好比医生单记得许多汤头歌诀，不去研究病人的症候，如何能有用呢？

第三，偏向纸上的“主义”，是很危险的。这种口头禅很容易被无耻政客利用来做种种害人的事。

在胡适看来，“现在中国应该赶紧解决的问题，真多得很。从人力车夫的生计问题到大总统的权宪问题，从卖淫问题到卖官卖国问题，从解散安福部问题到加入国际联盟问题，从女子解放到男子解放问题”，他认为这些都是应该赶快解决的“火烧眉毛的紧急问题”。因此，他奉劝人们要“多提出一些问题，少谈一些纸上的主义”。

最后文章得出结论：“‘主义’的大危险，就是能使人心满意足，自以为寻着包医百病的‘根本解决’，从此用不着费心力去研究这个那个具体问题的解决法了。”

胡适在《每周评论》上整版发表的这篇文章，引起了京城舆论界的关注。不久，《国民公报》社长蓝公武把胡适的文章转载在该报上，并在该报上发表了长篇文章《问题与主义》，着重从哲学的角度阐述了“主义”的重要性。他批评胡适太注重实际问题而抹杀主义学理的重要价值，“有些因噎废食的毛病”。蓝公武还把主义比作航海的罗盘针和灯塔，说有了主义，才能指出人类前进的大方向。胡适把蓝文略加删节，转载在8月3日出版的《每周评论》第三十三号上。

李大钊在7月下旬离京的时候读到胡适的这篇文章，“发生了一些感想”，于是他从昌黎五峰给胡适写了一封长信，批驳了胡适的资产阶

中華民國八年八月十七日

每週評論

The Weekly Review

35

再論問題與主義

1919年8月17日，李大钊在《每周评论》第三十五号发表《再论问题与主义》一文，对胡适的观点作了严正的批驳

级改良主义和实用主义。胡适收到此信后，将其发表在8月17日出版的《每周评论》第三十五号上。由于第三十三号上转载了蓝公武的《问题与主义》，李大钊的信遂被定名为《再论问题与主义》。

首先，李大钊认为“问题”与“主义”不可分割，解决“问题”离不开“主义”。他指出：“我们的社会运动，一方面固然要研究实际的问题，一方面也要宣传理想的主义。”在李大钊看来，宣传主义与研究问题并不矛盾，是“交相为用的”，“并行不悖的”。

其次，针对所谓的“过激主义”，李大钊坦言自己是“喜欢谈谈布尔扎维主义（即布尔什维主义）的”，并说“当那举世若狂庆祝协约国战胜的时候，我就作了一篇《Bolshevism的胜利》的论文，登在《新青年》上”。他强调，“布尔扎维主义的流行，实在是世界文化上的一大变动”，因此，“我们应该研究他，介绍他，把他的实象昭布在人类社会”。

再次，针对胡适反对“根本解决”的改良主义主张，李大钊依据马克思主义的唯物史观，阐明了中国问题必须从根本上寻求解决的革命主张。他指出："经济问题的解决，是根本解决。经济问题一旦解决，什么政治问题、法律问题、家庭制度问题、女子解放问题、工人解放问题，都可以解决。"同时针对胡适反对阶级斗争的观点，李大钊强调：要解决经济问题，就必须进行革命，展开阶级斗争。他主张用马克思的"阶级竞争说""这个学理作工具"，指导工人阶级的"实际运动"，否则，"那经济的革命，恐怕永远不能实现"。

随后，针对李大钊和蓝公武的批评，胡适连续撰写了《三论问题与主义》（《每周评论》第三十六号，1919年8月24日）、《四论问题与主义》（《每周评论》第三十七号，1919年8月31日）两文，对自己的观点进行了辩解和补正，继续鼓吹实用主义和改良主义，反对马克思主义在中国的传播。8月30日，《每周评论》第三十七号正在排版付印时，被北洋军阀政府查封，关于"问题与主义"的论争由此中断。

"问题与主义"之争是马克思主义在中国传播过程中出现的第一次论战，扩大了社会主义思潮的影响，推动一些进步青年去接受马克思主义。同时它也促进了新文化运动阵营的分化，李大钊等人走上了马克思主义道路，胡适等人则继续沿着资产阶级的道路走下去。

李大钊和胡适同在北京大学共事，又都是《新青年》编辑部的同仁。在新文化运动前期，他们曾是一同冲锋陷阵的"亲密战友"，结下了深厚的友谊。后来，两人虽然在思想和政治主张上分道扬镳，但他们的友谊却并未间断，并在许多问题上真诚合作。1920年8月1日，李大钊和胡适等7人在北京《晨报》增刊上联名发表了《争自由的宣言》，呼吁人民联合起来反对封建军阀政府的黑暗统治。1922年5月14日，由胡适起草、蔡元培等16名社会名流共同签名的《我们的政治主张》宣言在《努力周报》上发表，提出“好政府”作为改革中国政治的共同目标，李大钊也列名参加。据胡适日记记载，他在写作时“想此文颇可用为一个公开的宣言，故半夜脱稿时，打电话与守常（即李大钊）商议，定明日在蔡先生[①]家里会议，邀几个‘好人’加入”。“（5月12日）11时，在蔡宅开会，到者：梁漱溟、李守常……等。他们都赞成了，都列做提议人。”

著名党史学家胡绳晚年对这场论争评论说：

过去讲，新文化运动一分化，胡适一派人就分化出去了，好像变成了新东西的敌对方面。实际情况不完全是这样。胡适派虽然可以说是新文化运动的右翼，但这个“右”是相对于左翼说的，二者都属于新文化运动的范围。而就全社会，就全国政治的分野来看，胡适派实际上是属于中间力量，不是反动派，而是“不革命的民主派”。胡适与李大钊间的“问题与主义”之争，过去把它讲成是敌对双方的斗争，事实上还是朋友之间的争论，双方都是反对封建主义旧思想、旧势力的。胡适的意思无非是主张改良，不赞成革命。

① 即蔡元培。

二十一　社会主义是否适合于中国国情？

五四运动后，随着马克思主义的广泛传播，在中国早期马克思主义者和一些资产阶级知识分子之间，发生了一场关于社会主义是否适合于中国国情的论争，这是马克思主义在中国传播过程中的第二次论争。

1920年9月至次年7月，英国唯心主义哲学家罗素应邀来中国讲学。他在讲演中宣扬中国“实业不发达”，因而没有阶级差别和阶级斗争。他劝告中国“暂不主张社会主义”，当务之急是“开发中国资源”，发展实业。他在讲演中还主张阶级调和与劳资合作，提倡社会改良，反对社会革命。因此，罗素的讲演受到一些高唱“社会主义”的资产阶级改良派的欢迎，在中国知识分子中也产生了相当的影响。

1920年10月间，张东荪陪同罗素到湖南讲演，回到上海后，于11月6日在他主编的《时事新报》上发表了一篇题为《由内地旅行而得之又一教训》的时评，极力吹捧罗素对中国提出的实行资产阶级改良主义的主张。他宣称：

张东荪（1886—1973），浙江杭州人

我此次旅行了几个地方，虽未深入腹地，却觉得救中国只有一条路，一言以蔽之，就是增加富力。而增加富力就是开发实业。因为中国的唯一病症就是贫乏，中国真穷到极点了。罗素先生观察各地情形以后，他也说中国除了开发实业以外无以自立。我觉得这句话非常中肯又非常沉痛。

1920年12月15日，张东荪又在《改造》第三卷第四号上发表《现在与将来》的长文。他在文章中一方面以社会主义者自居，虚伪地宣称“资本主义必倒，社会主义必兴”；另一方面又借口中国经济落后，中国劳动阶级“简直是没有”，“真的劳农革命决不会发生”，因而中国没有条件建立无产阶级政党。中国的当务之急是“开发实业”，发展资本主

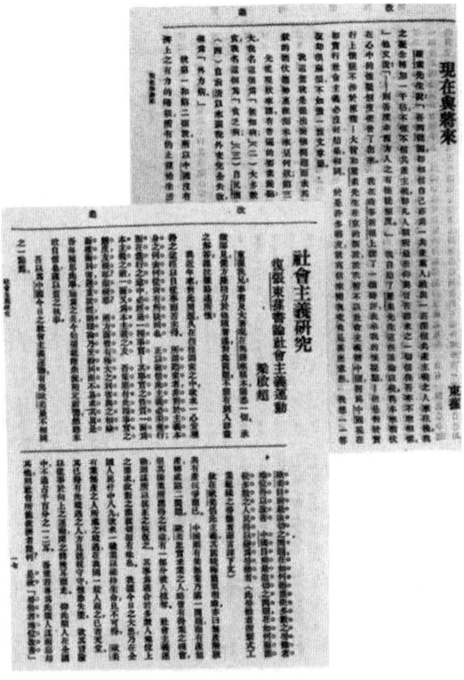
现在與將來

東蓀

社會主義研究

復張東蓀書論社會主義運動

梁啟超

梁启超、张东荪在《改造》上发表的文章

义。张东荪将此文寄给梁启超，梁启超据此写了《复张东荪书论社会主义运动》的长文，1921年2月15日发表在《改造》第三卷第六号上。梁启超在文章中支持张东荪的改良主义主张，反对在中国实行社会主义，并认为对社会主义只可“冷静研究”，连宣传“亦可少做”，更不能建立共产党。

张、梁二人宣传的这套伪社会主义的论调，对于当时宣传科学社会主义具有明显的危害，在当时青年中造成了一定的思想混乱。正如当时《新青年》杂志上的一篇文章所说：

> 他们这种似是而非的论调，虽不足以欺有识的人，然一班老顽固见了，必定兴高采烈，把他当作新四书五经互相号召；一班资本家见了，必定欢天喜地，把他登在报纸上，借以骗钱；一班脑筋简单的青年见了，必定为他所惑，对于社会主义不肯加以研究；就是一班欢迎社会主义的青年见了，也未必不呈一种徘徊歧路和裹足不前的状态。

针对张东荪、梁启超的社会改良主义和发展资本主义的论调，李大钊、陈独秀等早期马克思主义者运用自己刚刚学得的马克思主义理论，在《新青年》《共产党》等刊物上发表了许多文章，进行比较系统的批驳，并提出了许多有价值的思想。李大钊发表了《社会主义下之实业》《中国的社会主义与世界的资本主义》，陈独秀发表了《独秀复东荪先生底信》《社会主义批评》，李达发表了《张东荪现原形》《社会革命的商榷》《讨论社会主义并质梁任公》，蔡和森发表了《马克思学说与中国无产阶级》，何孟雄发表了《发展中国的实业究竟要采用什么方法》等文章。

早期马克思主义者承认中国必须发展实业，改变贫穷落后的状态，但资本主义道路是行不通的，中国的出路在于社会主义。李大钊指出：“今日在中国想发展实业，非由纯粹生产者组织政府，以铲除国内的掠夺阶级，抵抗此世界的资本主义，依社会主义的组织经营实业不可。”李达则指出：“资本主义的生产组织，是无政府无秩序的状态；社会主义生产组织是有秩序有政府的状态。”因此，“将来社会的经济组织必归着于社会主义”。

张东荪、梁启超等人抹杀严重存在的阶级矛盾和阶级斗争的事实，提出调和阶级矛盾，点点滴滴改良的办法。他们竭力为资本家辩护，认为不应当过于责备资本家。张东荪说：“在我耳闻目睹，资本家跋扈还是很少的，雇主的暴虐也是很少的。”又说：“现在人只听工人一方面的话，自然是只看工人的苦痛。若问一问彼资本家，必亦有一大篇话未尝不是句句实情。在现行制度下，亦不能十二分苛责资本家。”梁启超则认为要唤起资本家的“觉悟”，采取“矫正态度”。李达在《讨论社会主义并质梁任公》一文针对这种论调说：“资本家若果能有着明深切之觉悟，他们一定能觉悟到他们的最后命运，就是他们终于不能存在而必须让给社会主义的世界。若是没有觉悟，他们一定唯利是图。他们宽待劳动者，无非是免得受罢工的损失，而可以安稳的扩张资本势力，换句话说，即是使劳动者安于奴隶状态而不思反抗。”

张东荪认为中国资本家“可怜”，“中国无坐食利息之股东”。陈独秀质问：“请先生去问问招商局、开滦矿务局，大生、恒丰、厚生、德大等纱厂，商务印书馆，他们的股票是否都归经理人所有？……先生说中国资本家可怜，请问死在开滦矿洞的几百人可怜不可怜？”事实证明用“温情主义”的社会政策来“矫正”资本主义的弊病，也只不过是一种改良主义的幻想。李达还指出，“无产阶级呻吟于资本家掠夺支配之下，绝对得不到丝毫的幸福”，因此，“梁任公的温情主义的主张是不能达到社会主义的”，唯有采取“最普遍最猛烈最有效力的一种非妥协的阶级争斗手段”，即“直接行动”，以广泛地发动群众运动“夺取国家的权力”，“用政治的优越权，从资本阶级夺取一切资本，把一切生产工具集中到无产阶级的国家手里，用大速度增加全部生产力”，才能实现中国广大贫苦劳动者的解放。

张东荪等人借口中国工业落后，没有“真正的劳动者”，没有建立共产党的阶级基础，从而反对社会主义运动和成立中国共产党。张东荪认为中国没有真正的劳动阶级，“党是代表那阶级的，若他背后没有阶级，必不成立。中国现在离劳动阶级的完成与自觉尚早”，因此，“除了静待以外，无法发展”。早期马克思主义者指出，中国经济虽然落后，但无产阶级的存在是一个客观事实。陈独秀质问张东荪：“中国若无劳动者，先生吃的米、穿的衣、住的房屋、乘的车船，是何人做出来的？先生所办的报，是何人排印出来的？”早期马克思主义者指出，中国的无产阶级和农民不但遭到本国资产阶级、地主的压迫和剥削，而且遭到国际帝国主义的残酷掠夺和压迫，“中国无产阶级所受的悲惨，比欧美、日本的无产阶级所受的更甚”，因而他们有强烈的革命要求，“革命之爆发乃是必然的趋势”。中国遭受帝国主义侵略和掠夺的现状，“除了中国劳动者联合起来，组织革命团体，改变生产制度，是无法挽救的”，并认定“中国劳动（农工）团体为反抗资本家资本主义而战，就是为保全中国独立而战。只有劳动团体能够达到中国独立之目的”。在中国，结合共产主义信仰者，组织巩固的团体，建立共产党，不仅有必要，而且有条件。蔡和森则鲜明地指出："我以为先要组织党——共产党。因为他是革命运动的发动者、宣传者、先锋队、作战部。以中国现在的情形看来，须先组织他，然后工团、合作社，才能发生有力的组织。革命运动、劳动运动，才有神经中枢。但是宜急宜缓呢？我以为现在就要准备。"早期马克思主义者义正词严地阐明了建立无产阶级革命团体和进行社会革命的必要性。

这次论争从本质上说是一次关于中国走社会主义道路还是走资本主义道路、实行社会革命还是实行社会改良和需不需要建立无产阶级政党的论争。经过一年多的论战，那些挂着宣传"社会主义"的招牌而主张发展资本主义的人们，在早期马克思主义者的有力回击下败下阵去。朱务善的回忆是这方面情况的一个生动例证。他回忆说：

（当张东荪、梁启超等人挑起社会主义问题论战时，北京大学马克思学说研究会）就利用这一机会，在沙滩大楼一个大教室里，开了一次为期两天的大辩论会，辩论的题目是"社会主义是否适宜于中国？"分赞成与反对两派辩论，邀请李大钊同志作为辩论会的评判员。参加这次辩论会的人都是北京各大学及专门学校的学生和教员，听众很多。

我还记得有一位反对社会主义的北大学生（好像是费觉天）最后对我说：李先生以唯物史观的观点论社会主义之必然到来，真是一针见血之论，使我们再也没话可说了。李大钊同志的发言引起了大多数听众研究马克思主义的兴趣，此后不久，马克思学说研究会的成员竟增加到数十人之多，同时其他各专校也成立了这样的研究会。

这场论争是对五四运动后中国知识界广泛存在的“温和的社会主义”思潮的一次大清洗，它为先进分子摆脱改良主义的影响，坚持社会主义的发展方向创造了有利条件。通过论争，社会主义在中国的思想阵地得到了扩展，马克思主义在进步知识界中的影响得到了扩大。

二十二　陈独秀三驳区声白

五四运动以后，中国早期马克思主义者在同反马克思主义思潮展开论战时，还批驳了在中国有很大影响的无政府主义。

无政府主义是一种小资产阶级社会主义思潮。无政府主义从极端个人主义出发，鼓吹个人的绝对自由，反对任何组织纪律，反对一切强权和政府，反对一切政治斗争和暴力革命，尤其反对布尔什维克和无产阶级专政，鼓吹无政府状态和绝对平均主义。这种思想在广大青年知识分子中起着很大的消极作用。

20世纪初期，无政府主义开始传入中国。辛亥革命以后，无政府主义在中国得到进一步传播。此时的中国陷于四分五裂的军阀割据和军阀混战的局面，人民陷于水深火热之中，表明了资产阶级共和国方案在中国的破产。一大批小资产阶级知识分子既痛恨军阀政府的专制统治，愤恨社会的黑暗，又拿不出解决问题的方法，普遍感到苦闷和失望。而无政府主义尖锐揭露封建专制的罪恶，猛烈抨击军阀、官僚统治的黑暗，号召人们起来斗争，建立一个自由平等、没有压迫和剥削的空想社会，正好迎合了广大民众对帝国主义侵略和军阀专制统治的不满情绪，很快引起了小资产阶级知识分子尤其是青年学生的强烈共鸣，吸引了一大批追随者。

中国早期著名的无政府主义者是广东香山县（今中山市）人刘师

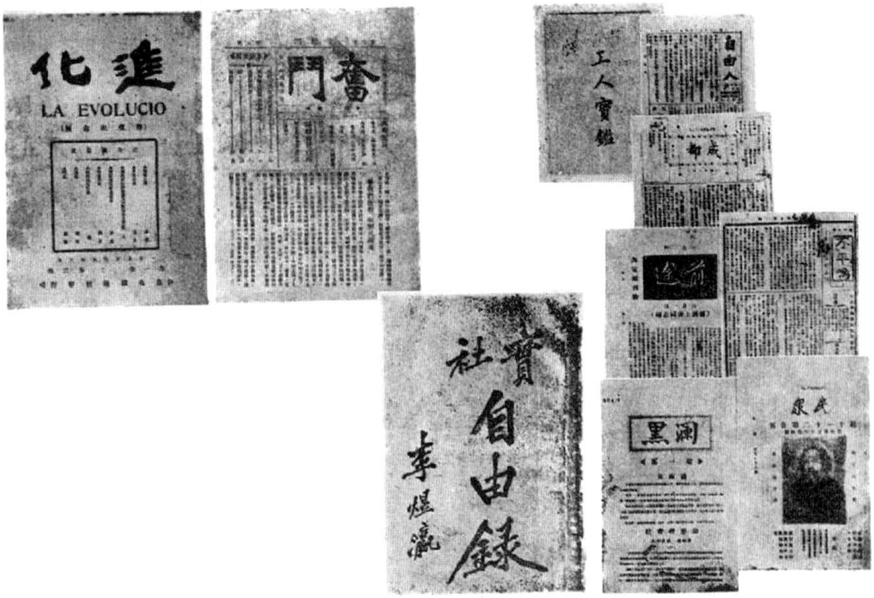

五四运动前后出版的无政府主义团体刊物

复。他早年参加过同盟会。1912年5月，他在广州组织中国第一个无政府主义团体“晦鸣学舍”，在国内宣传无政府主义。同年7月，他发起成立“晦鸣学舍”的外围组织“心社”。1914年7月，他在上海成立“无政府共产主义同志社”。1915年3月，刘师复病逝后，北京大学学生黄凌霜、区声白等人继承其衣钵，于1919年初将几个无政府主义的小团体合并组成“进化社”，以《进化》杂志为机关刊物，黄凌霜担任该杂志主编。

五四时期，随着各种“新思潮”在中国思想界迅速传播，无政府主义也作为一种“社会主义”思潮在中国得到广泛传播。无政府主义者在各地创办刊物，成立小团体，活动越来越猖獗。据统计，当时的无政府主义团体近50个，宣传无政府主义的刊物和小册子达70多种。在当时的社会主义思想各派中，无政府主义占有一定优势，在青年知识分子和部分工人中有相当的影响。朱谦之回忆他接受无政府主义思想时说：

> 五四前后，北大图书馆公开陈列无政府主义之书报，任人阅读，给许多知识青年以绝大的影响，加以当时的气候，不能严格区分马克思主义和无政府主义，因而一时被小资产阶级知识分子看作社会主义加以接受。

由于无政府主义是先于马克思主义传入中国的，很多激进的青年知识分子在没有接触到马克思主义前，都曾受过无政府主义思潮的影响。

当十月革命胜利的消息最初传到中国的时候，很多无政府主义者看到十月革命废除旧有的强权、国家机器、剥削和私有制，认为是实践了无政府主义的主张，因而一度把十月革命的成功说成是无政府主义的胜利。1919年初，当传出俄国布尔什维克镇压无政府主义者的消息后，中国无政府主义者马上表现出强烈的不满。2月20日，黄凌霜在《进化》第一卷第二号上发表《评‘新潮杂志’所谓今日世界之新潮》一文，把马克思主义曲解为“集产主义”，把无政府主义说成是“共产主义”。该刊同期还登载了一篇《论俄国过激党》的译文，译者几贞在按语中谩骂布尔什维克党是“杀人放火的强盗”。同年10月，黄凌霜在《新青年》第六卷第五号上发表《马克思学说的批评》一文，对马克思主义进行全面的歪曲和系统的攻击，并错误地认为苏俄无产阶级专政是“压制个人的自由”“压制个人的表征”，还极力反对社会主义的“各尽所能，按劳分配”的原则，鼓吹无政府主义的“去除一切强权，而以各个人能享平等幸福”的主张。

1920年2月24日，无政府主义者易家钺在宣传无政府思想的《奋斗》杂志第二号上发表《我们反对“布尔扎维克”》；4月30日，署名“A.F”在《奋斗》第八、第九号合刊上发表《为什么反对布尔雪维克?》的文章，公开打出“反对布尔扎维克主义”“反对马克思主义”的旗号，攻击布尔什维克是“独裁”，是“专制”，谩骂无产阶级专政“比专制魔王还要坏”。

1920年9月1日，陈独秀在《新青年》第八卷第一号上发表《谈政治》一文，明确表示赞同无产阶级专政思想，批评了无政府主义的基本观点。此文一发表，立即遭到无政府主义者的反对。此后，陈独秀、李达、施存统等中国早期马克思主义者和区声白、黄凌霜等无政府主义者展开了激烈的论战。这场论战可从陈独秀与区声白通过书信来往的方式展开的辩论中可见一斑。

区声白（1892—?），广东佛山人

1920年12月，陈独秀来到广州后，与谭平山等商讨组织共产党的问题。由于无政府主义在广东传播较早，以区声白、梁冰弦为代表的无政府主义在广东的势力很大。1920年10月成立的由9人组成的“广东共产党”，除俄共（布）党员斯托扬诺维奇和别斯林外，其余7人都是无政府主义者。

陈独秀了解到这个情况后，于1921年1月15日在广东公立法政学校作了《社会主义批评》的演讲，对各种“社会主义”的理论观点作了剖析，并着重批评了无政府主义，指出“无政府主义在政治经济两方面，都是行不通的路”。陈独秀讲演时区声白也在场听讲。在无政府主义者看来，“马克思派嚣张极了”，尤其是陈独秀，他“从上海到广东，不知在无政府主义者头上敲了几十百次”。于是会后，区声白立即写信给陈独秀，对其观点表示异议，陈作了答复。区不服再写信争辩，陈再作答复，如此往复达三次之多。陈独秀还在其他场合的讲演或文章中，反驳区声白的无政府主义思想。

陈独秀与区声白就无政府主义问题展开交锋，在社会上引起很大反响。双方论争的具体内容为：

在革命道路的问题上，陈独秀反对用“暗杀”的手段来代替社会改革和革命。他认为，除去一两个恶的分子，并不能够使社会变为不恶；在我们未曾用我们的力量把现存的制度推翻以前，我们仍旧必然为现存的我们所反对的社会制度所支配。因此，我们应该觉悟：“我们唯一的使命只有改革社会制度”。在国家问题上，陈独秀指出：袁世凯、张勋等正是借口所谓尊重“国民性”来胡作非为的，中华民族正是毁在他们手下。因此，“非从政治上、教育上施行严格的干涉主义，我中华民族的腐败堕落将永无救治之一日；因此我们唯一的希望，只有希望全国中有良心有知识有能力的人合拢起来，早日造成一个名符其实的‘开明专制’（无产阶级专政）之局面，好将我们从人类普通资格之水平线以下救到水平线以上”。陈独秀还指出：“无产阶级专政就是不许有产阶级得到政权的意思，这种制度乃是由完成阶级战争消灭有产阶级做到废除一切阶级所必经的道路。”在自由、民主的问题上，陈独秀指出：“我们的社会乃由许多生产团体结合而成，一团体内各人有各人的意见，人人同意已不易得；一社会内各团体有各团体的意见，人人同意更是绝对没有的事；一团体内意见不同的分子还可以自由退出，我不知道一社会内意见不同的分子或团体，有何方法可以自由退出？”他指出：“凡有社会组织，必有一种社会制度，随之亦必有一种法律保护这种制度，不许有人背叛。”因此，“决没有绝对的自由，决不能实现无政府主义”。在生产和分配的问题上，陈独秀批驳了生产“绝对自由”、分配“各取所需”的观点，他指出：“因为各个生产团体各个利害不同，若是没有一个统一机关用强制力去干涉调节，各个生产团体主张各个的绝对自由，这样能联合不能？无政府主义者用这种没有强制力的自由联合来应付最复杂的近代经济问题，试问怎么能够使中国的农业工业成为社会化？怎么能够调节生产只使不至过剩或不足？怎么能够制裁各生产团体使不至互相冲突？怎么能够转变手工业为机器工业？怎么能够统一管理全国交通机关？”他又指出：在社会主义条件下，不能采取“各取所需”的分配原则，如果一定要那样做，社会的经济秩序就要陷入混乱。

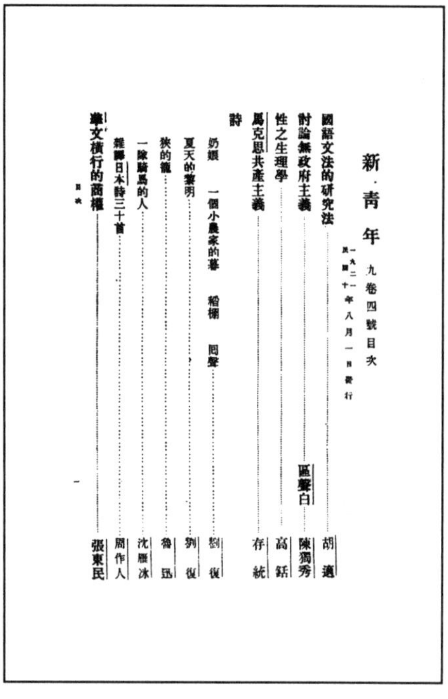
新青年 九卷四號目次

一九二一 民國十年八月一日發行

國語文法的研究法……胡適
討論無政府主義……區聲白 陳獨秀
性之生理學……高銛
馬克思共產主義……存統
詩
奶娘 一個小農家的暮 稻棚 回聲……劉復
夏天的黎明……劉復
狹的籠……魯迅
一隊騎馬的人……沈雁冰
雜譯日本詩三十首……周作人
華文橫行的商榷……張東民

目次 一

《新青年》第九卷第四号封面和目录

后来，陈独秀把区声白的来信和他的复信，以《讨论无政府主义》为题全文刊登在1921年8月1日出版的《新青年》第九卷第四号上，将影响范围从广东扩大到全国。在马克思主义者严谨而深刻的分析批判下，无政府主义逐渐失去了它曾有的影响力。

通过这场论战，大批中国先进分子初步感受到马克思主义这一理论的科学性和真理性，逐步认清了无政府主义的实质，基本划清了马克思主义与无政府主义的界限，最终抛弃了无政府主义而确立了马克思主义的信仰。总之，这场论战在中国革命中起到了重大作用，正如刘少奇所评价的那样：

> 在起初各派社会主义的思想中，无政府主义是占着优势的。马克思主义的拥护者到处都与无政府主义的拥护者争论着，斗争着。马克思主义直至在各方面克服无政府主义以后，并与中国的工人运动、人民反帝运动结合以后，才成为中国政治生活中一个雄伟的力量。并在这以后，马克思主义永远在中国新文化运动中占着主要的地位。

二十三 《中国共产党宣言》未解之谜

1920年11月，上海共产党早期组织制定了《中国共产党宣言》，第一次比较系统地表达了中国共产主义者的理想和主张。

由于种种原因，《中国共产党宣言》中文原件已散失。现在所能见到的文献，是从1956年12月苏共中央移交过来的一批中共驻共产国际

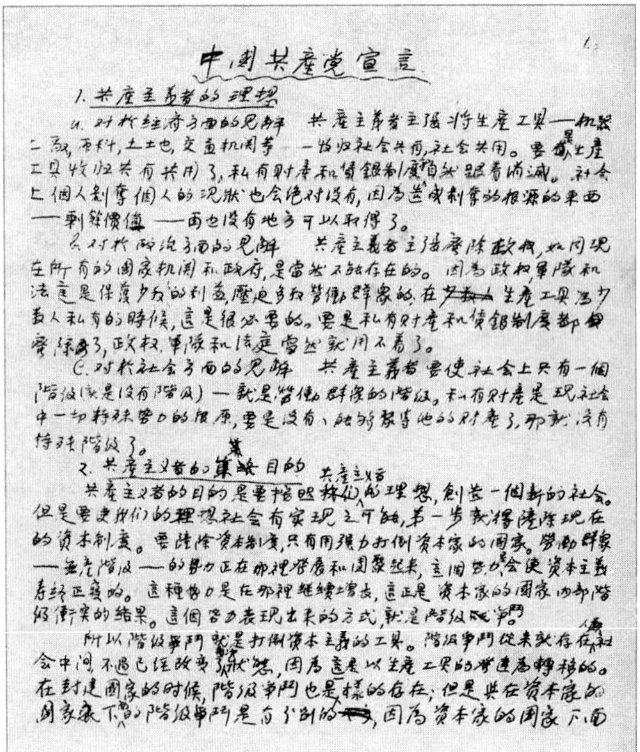

中国共产党宣言

1. 共产主义者的理想

a. 对于经济方面的见解　共产主义者主张将生产工具——机器、工厂、原料、土地、交通机关等——收归社会共有，社会共用。要是生产工具收归共有共用了，私有财产和赁银制度自然跟着消灭。社会上个人剥夺个人的现状也会绝对没有，因为造成剥夺的根源的东西——剩余价值——再也没有地方可以取得了。

b. 对于政治方面的见解　共产主义者主张废除政权，如同现在所有的国家机关和政府，是当然不能存在的。因为政权、军队和法庭是保护少数的利益，压迫多数劳动群众的，在生产工具为少数人私有的时候，这是很必要的。要是私有财产和赁银制度都铲除了，政权、军队和法庭当然就用不着了。

c. 对于社会方面的见解　共产主义者要使社会上只有一个阶级（就是没有阶级）——就是劳动群众的阶级。私有财产是现社会中一切特殊势力的根原，要是没有人能够聚集他的财产了，那就没有特殊阶级了。

2. 共产主义者的目的

共产主义者的目的是要按照共产主义者的理想，创造一个新的社会。但是要使我们的理想社会有实现之可能，第一步就得铲除现在的资本制度。要铲除资本制度，只有用强力打倒资本家的国家。劳动群众——无产阶级——的势力正在那里发展和团聚起来，这个势力是会使资本主义寿终正寝的。这种势力是在那里继续增长，这正是资本家的国家内部阶级冲突的结果。这个势力表现出来的方式，就是阶级争斗。

所以阶级争斗就是打倒资本主义的工具。阶级争斗从来就存在社会中间，不过已经改变了形状，因为这是以生产工具的发达为转移的。在封建国家的时候，阶级争斗也是一样的存在；但是在资本家的国家底下的阶级争斗是有分别的，因为资本家的国家下面

上海共产党早期组织制定的《中国共产党宣言》（1920年11月），根据中央档案馆档案影印

代表团的档案中发现的，是一份署名为“Chang”（张）的中国共产党人于1921年12月10日由英文稿翻译为中文的。

关于《中国共产党宣言》的作者，中共中央党史研究室著《中国共产党历史》第一卷上册（中共党史出版社2011年版）虽然指出该宣言是上海共产党早期组织起草的，但对于执笔人则没有明确。党史界对于谁是执笔人尚有许多争议，有人认为是陈独秀，也有人说是维经斯基，甚至也有人说是李大钊，由于缺乏原始资料佐证，至今没有定论。

《中国共产党宣言》原文显然是中文，那么是由谁译成英文呢？是什么时候由谁带到苏俄和共产国际的呢？由于党的早期资料严重缺失，加上年代久远，已很难查考，这些疑问至今是个未解之谜。

关于将英文《中国共产党宣言》翻译为中文的作者，根据共产国际档案可以确定是一位张姓译者。这位张姓译者还在译稿前加了这样的说明：

> 这宣言的内容不过是关于共产主义原则的一部分，因此没有向外发表，不过以此为收纳党员之标准。这宣言之中文原稿不能在此地找到，所以兄弟把他从英文稿翻译出来。决定这宣言之时期既然有一年多了，当然到现在须要有修改和添补的地方。我很希望诸位同志把这个宣言仔细研究一番，因为每一个共产主义者都得要注意这种重要的文件——共产党宣言。并且会提出远东人民会议中国代表团中之共产主义者组讨论。讨论的结果，将要供中国共产党的参考和采纳。
>
> Chang
>
> 1921年12月10日

由中国社会科学院现代史研究室、中国革命博物馆党史研究室选编的《“一大”前后：中国共产党第一次代表大会前后资料选编》（一）（人民出版社1980年版）中，作为全书的首篇，编者在译者“Chang”之下加上如下的注：“据初步考证，这个译本可能是参加远东民族会议中国共产党代表团的主要成员翻译的，而代表团主要成员中姓张的只有两个人，一是张国焘，一是张太雷，但写这个说明可能性比较大的是张太雷，因他不仅负责大会的组织工作，而且负责英文翻译，在这个时期他翻译了不少东西。”由此可知，编者倾向于译者是张太雷。

张太雷（1899-1927），江苏武进（今常州市）人

张太雷，1898年出生于江苏常州。1915年考入北京大学。同年冬转入天津北洋大学法科法律系学习。1920年10月参加北京共产党早期组织，后到天津组织社会主义青年团。同年12月与邓中夏等人筹办长辛店劳动补习学校。1921年3月到达苏俄伊尔库茨克，任共产国际远东书记处中国科书记。同年6月22日至7月12日出席在莫斯科召开的共产国际第三次代表大会，并在会上作了发言，他介绍了中国正在与帝国主义作斗争的各种革命力量，呼吁共产国际重视、支持中国革命。不久，他出席在莫斯科召开的青年共产国际二大，并受委托回国主持社会主义青年团的整顿工作。同年7月，他参与筹备远东各国共产党及民族革命团体第一次代表大会，代表共产国际远东书记处

起草关于召开远东大会的呼吁书。1921年8月回到上海，担任共产国际代表马林的翻译和助手。1921年12月陪同马林南下前往广西会见孙中山，直到1922年3月初回到上海。

远东民族会议即远东各国共产党及民族革命团体第一次代表大会，又称“远东劳动人民代表大会”，是共产国际为了抵制和对抗九国华盛顿会议瓜分远东而组织召开的大会，于1922年1月21日至2月2日先后在莫斯科、彼得格勒召开。出席大会的有中国、朝鲜、日本、蒙古及其他远东国家的代表148人。中国代表有44人，其中中共党员14人、青年团员11人，还有中国国民党以及其他进步团体的代表。中共代表张国焘为中国代表团团长、大会主席团成员。

从时间角度来看，张太雷在远东民族会议召开前后这个时间段在国内从事革命活动而不在苏俄，更不可能参加远东民族会议。因此，这个“Chang”不太可能是张太雷。

根据译者说明，译者将宣言由英文稿翻译出来后，还提交给出席远东民族会议的中国代表团中的共产党员讨论。那么，译者应该是参加这个会议的中共代表团成员张国焘。

据当年的代表调查表记载，张国焘是1921年11月13日到达伊尔库茨克的。后根据莫斯科指示，远东民族会议由伊尔库茨克改在莫斯科举行。据张国焘回忆，他是在1922年初到达莫斯科的。这样可以推测张国焘是在伊尔库茨克期间于1921年12月10日前后翻译这个宣言的。此后，由中共中央文献研究室和中央档案馆合编的《建党以来重要文献选编（1921—1949）》第一册（中央文献出版社2011年版）标明译者是张国焘。

张国焘，1897年出生于江西省萍乡县，原名张特立。1916年秋在北京大学理预科学习，两年后转入北京大学理学院，后在北京大学哲学系学习。参加过平民教育讲演团。1919年参加五四运动，后被推选为北京学生联合会讲演部部长。1920年5月参加北京大学马克思学说研究会。10月和李大钊、张申府建立北京共产党早期组织。11月在李大钊指导下，发起成立北京社会主义青年团。1921年7月作为北京共产党早期组织代表到上海出席党的一大，当选为中央局委员，分管组织工作。1921年8月起任中国劳动组合书记部委员兼《劳动周刊》主编。1922年初，他参加了在莫斯科克里姆林宫斯维尔德洛夫大厅开幕的远东各国共产党及民族革命团体第一次代表大会，这是中国共产党成立后第一次正式派出代表参加大型国际会议。大会开幕日，他以中国代表团团长的身份向大会致了祝词，并在会上报告了中国无产阶级和农民的处境、土地关系、学生运动和工人运动等方面情况，并受到列宁的接见。

对于“Chang”到底是张太雷还是张国焘，由于缺乏直接的证据，党史界仍然有争议。中国人民大学教授高放在《中国人民大学学报》2011年第3期的《从〈共产党宣言〉到〈中国共产党宣言〉——兼考证〈中国共产党宣言〉的作者和译者》一文中，经过详细考证后，认定“把这份宣言英文稿译回中文的不是张国焘，而是张太雷”。

由于《中国共产党宣言》原件至今没有发现，其作者和译者至今没有明确的定论，这些未解之谜给该宣言增添了一层神秘的色彩。

《中国共产党宣言》全文约2100字，由“共产主义者的理想”“共产主义者的目的”“阶级争斗的最近状态”3部分组成。

宣言鲜明地阐明了中国共产主义者关于创立共产主义新社会的理想，在经济方面主张“将生产工具——机器、工厂、原料、土地、交通机关等收归社会共有，社会共用”；在政治方面主张“废除政权，如同现在所有的国家机关和政府”；在社会方面“要使社会上只有一个阶级（就是没有阶级）——就是劳动群众的阶级”。宣言响亮地提出消灭私有制，实行生产资料公有，废除旧的国家机器，消灭阶级的主张。

宣言还阐明了共产主义者的目的，即“要按照共产主义者的理想，创造一个新的社会”。无产阶级要创立新社会，就要团结起来，开展阶级斗争，“用强力打倒资本家的国家”，铲除资本制度；就要“组织一个革命的无产阶级政党——共产党”，领导无产阶级夺取政权，建立无产阶级专政。

宣言还分析了“阶级斗争的最近状态”，指出阶级斗争必然导致无产阶级专政，“这是人类社会发展中的自然状态”；“无产阶级专政的任务是一面继续用强力与资本主义的剩余势力作战，一面要用革命的办法造出许多共产主义的建设法”；“等到全世界的资本家的势力都消灭了，生产事业也根据共产主义的原则开始活动了，那时候的无产阶级专政还要造出一条到共产主义的道路”。

当然，由于早期共产党人的局限性，他们还没有学会把马克思主义的基本原理同中国革命的具体实际结合起来，因此这个宣言还存在一些比较明显的缺点。1958年6月3日，中共中央办公厅秘书局编印的《党史资料汇报》（第1号）上全文刊出《中国共产党宣言》，毛泽东读后写了如下一段批语：

> 不提反帝反封建的民主革命，只提社会主义的革命，是空想的。作为社会主义革命的纲领则是基本正确的。但土地国有是不正

确的。没有料到民族资本可以和平过渡。更没有料到革命形式不是总罢工，而是共产党领导的人民解放战争，基本上是农民战争。

《中国共产党宣言》是党的早期组织最早的一份重要文献，当时没有公开发表，仅供内部学习和吸收党员时作参考，但它对党的早期组织的建设和发展起到了指导作用。

二十四　创办『工人的喉舌』

各地共产党早期组织成立以后，非常重视开展工人运动，创办了一批以工人为对象的通俗刊物，对工人群众进行马克思主义宣传教育，鼓动工人们团结起来同资本家作斗争并建立工人组织，提高工人群众的阶级觉悟和斗争精神。其中以上海的《劳动界》、北京的《劳动音》、广州的《劳动者》最具代表性，它们出版背景、宣传宗旨、读者对象以及编排版式基本相同，当时曾被誉为兄弟刊。

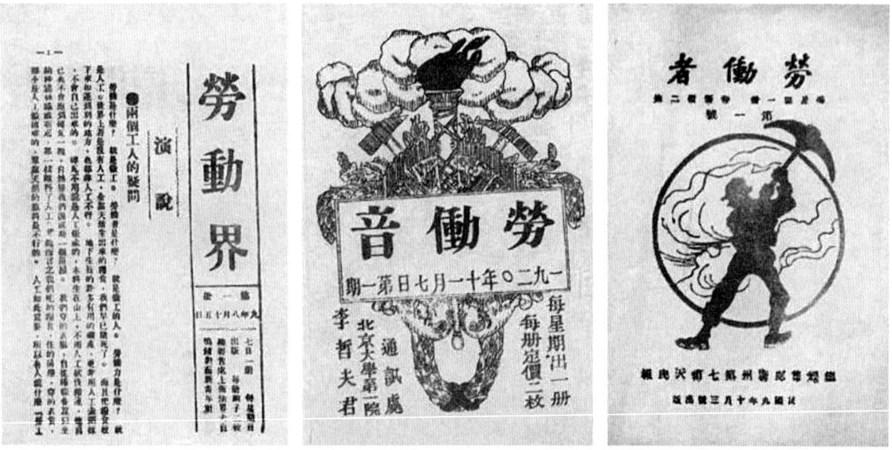

上海、北京、广州等地的共产党早期组织出版的通俗工人读物《劳动界》、《劳动音》及《劳动者》

1920年8月15日，上海共产党早期组织创办了《劳动界》周刊，是党领导下的第一个工人刊物。它由陈独秀、李汉俊主编，陈望道、沈玄庐等撰稿，新青年社发行。1921年1月停刊，共出24期。主要有“演说”（实际上是评论）、“国内劳动界”、“国外劳动界”、“读者投稿”、“时事”、“调查”、“通信”、“小说”、“诗歌”、“闲谈”、“趣闻”等11个专栏。李汉俊在发刊词《为什么要印这个报?》中说明了《劳动界》的宗旨，指出：

> 工人在世界上已经是最苦的，而我们中国的工人比外国的工人还要苦。这是什么道理呢？就因为外国工人略微晓得他们应该晓得的事情，我们中国工人不晓得他们应该晓得的事情。我们印这个报，就是要教我们中国工人晓得他们应该晓得的事情。我们中国工人晓得他们应该晓得的事情了，或者将来要苦得比现在好一点。

《劳动界》广泛报道国内外工人运动和中国工人的状况，着重反映上海、南昌、广州、唐山、武汉、长辛店、南京、水口山等地工人的罢工斗争消息和经验教训，通俗地对工人进行马克思主义基本知识的启蒙教育，深入揭露资本家对工人的压迫和剥削，启发工人阶级组织起来，为争取自身的解放而斗争。为了便于工人群众接受，该刊以明白易懂的语言和比喻，向工人说明劳动创造价值，劳动创造世界，劳动者谋求解放必须进行社会革命等马克思主义的基本观点。陈独秀在第一册上发表《两个工人的疑问》，对“劳动”这样解释：

劳动是什么？就是做工。劳动者是什么？就是做工的人。劳动力是什么？就是人工。世界上若是没有人工，全靠天然生出来的粮食，我们早已饿死了。

《劳动界》具体地分析了资本家发财致富的原因，以唤起工人的阶级觉悟。1920年12月12日，《劳动界》第十八册发表《劳工要有两种心》，告诉工人说：

我们不要以为受苦是我们的命运，我们可以都是一样的命运吗？天天起来都不能转运吗？单是资本家都是好命吗？要知道我们这样受苦，都是资本家陷害我们的，虐待我们的。资本家要我们做值1元的工，他只能给我们1角，其余9角，都被他们得了去了！

《劳动界》还一针见血地揭露了资本家剥削工人剩余价值的秘密，以激发工人的斗争勇气。1920年9月28日，《劳动界》第五册发表《兄弟们，想想看！》，指出：

我们流了一百滴汗，自己吃不到三四十滴，这六七十滴到哪里去了？不都是被老板们老爷们……一般有钱有势的吃了去么？

《劳动界》还以十月革命后的苏俄为榜样，鼓动工人联合起来，结成团体，打倒旧的社会制度，建立由工农劳动者自己当家作主的社会。1920年9月19日，《劳动界》第六册发表《打破现状才有进步》一文，指出：

你们没听说么？现在世界已经有了真正纯粹由工农劳动者、由穷人作主的地方，这便是我们北方的俄罗斯。既然有了这样的好榜样，你们为什么还不努力？几个人的力量如果小，你们为什么不联合？你们不要畏难，你们不要说人家程度够，你们程度不够。通通是人，只看去想不去想，只看去作不去作，那（哪）里有什么程度的问题？

上海党组织为了办好《劳动界》，派外国语学社中的团员深入到工人群众中开展调查研究，报道工人的生活与要求。《劳动界》开辟了“调查”专栏。该刊第四册还刊载过“劳动调查表”，列出详细提纲，从劳动时间、工厂设备、工人伤亡、疾病、住宿条件、家庭、文化卫生等各个方面，进行详细的调查，为工人运动的开展准备必要的资料。《劳动界》还十分重视与工人读者的互动，热诚欢迎工人投稿，在第二册专门刊登了《本报欢迎工人投稿》的启事，“很欢迎工人将自己要说的话任意投稿到本报来，本报决计赶快登载”。此后陆续发表了《我们流出的血汗到哪里去了》《老板和老虎》等20多篇工人来稿。

《劳动界》所列事实贴近工人的生活，话说到了工人的心坎里，引起工人的广泛共鸣，受到工人们的热烈欢迎。工人们争相传阅，称它是“工人的喉舌”。上海杨树浦电灯厂工人陈文焕给陈独秀写信说：

我们同伴的工人都喜欢看你们所办的《劳动界》。从前我们苦恼的工人有话不能讲，有冤无处伸（申）！现在有了你们刊行的

《劳动界》，我们苦恼的工人，有话可以讲了，有冤可以伸了，做我们工人的喉舌，救我们工人的明星呵！

1920年11月7日（苏俄十月革命三周年纪念日），北京共产党早期组织创办了《劳动音》周刊。创刊之初，由当时参加北京党组织的无政府主义者黄凌霜、陈德荣负责编辑与发行工作。同月底，因共产主义者和无政府主义者之间存在着严重分歧，无政府主义者退出北京党组织。此后，罗章龙接办《劳动音》，邓中夏为主要编辑。

邓中夏（化名“心美”）在撰写的发刊词《我们为什么出版这个〈劳动音〉呢?》中指出，出版《劳动音》的目的在于“阐明真理，增进一般劳动同胞的智识，研究些方法，以指导一般劳动同胞”，“改良社会的组织”。发刊词申明《劳动音》的出版，是社会主义运动走向实际劳工运动的起点；希望劳动同胞将所在厂矿的生产、生活情况告诉编辑部，以“使国内各工人容易联络”，“使热心社会改革的人，去求解决的方法”。

《劳动音》主要报道了工人的工作和生活状况，包括工厂的组织、生产情况、工人待遇、工钱制度、做工时间、工厂规则以及工人的生活、感想、意见、家庭关系等。注意促进马克思主义同中国工人运动相结合，提倡知识分子从事工人运动，使他们到工人群众中去进行实际的革命活动。

《劳动音》注重用具体事实和典型事件对工人进行教育，使广大工人更容易接受，引导他们进行革命斗争。1920年10月唐山煤矿发生瓦斯爆炸事件，工人死伤五六百人。该刊第一期便用大量篇幅报道了《唐山煤矿葬送工人大惨剧》，同时以《几十分钟内死工人五六百》《矿局年利八倍于资本，然而工人一命只值六十元》为标题，愤怒地揭露了帝国主义残酷剥削和压迫工人，视工人的生命如虫蚁的罪恶。1920年12月5日，该刊第五期几乎用全部篇幅报道了南京一万多机织工人捣毁省议会和痛打议员的事件[①]，揭露了工人被资本家利用的黑幕，揭示了发生这一事件的深刻经济根源，赞扬了工人的大无畏斗争精神，并给工人指出了正确的斗争方法。

《劳动音》主要发行于长辛店、南口等工人聚集地区，1920年12月5日出至第五期停刊，每期销量达2000份。由于北洋军阀政府的干涉，《劳动音》被迫停刊，改名《仁声》继续出版，出版3期后因经费缺乏而停刊。

1920年10月3日，广东共产党早期组织在广州创办了《劳动者》周刊。由广东共产党早期组织中的无政府主义者梁冰弦、刘石心、黄凌霜等负责编辑。1921年1月停刊，共出版了8号。刘石心回忆说：

> 因为我们那时主要从事工人运动，因之就有出版工人刊物之必要。此刊物定名为《劳动者》周刊……初时由我们出钱，后由俄国人米诺[②]帮助我们印刷费，大家写稿，我任编辑……此后[③]，俄国人就不再找我们，我们也不去找他们。《劳动者》因缺乏经费也只好停刊。

---

① 1920年11月底，江苏省议会通过取消“茧行”条例，对南京的缎业资本家的利益有一定影响，因此资本家故意不发丝给工人织缎，煽起工人不满，于是工人们包围省议会并痛打了议员。

② 米诺又译作米诺尔，即斯托扬诺维奇，俄共（布）党员。

③ 1920年12月，陈独秀从上海到达广州后，和区声白、梁冰弦等无政府主义者“进行过非常热烈的争论，认为必须摆脱无政府主义者”。这样无政府主义者退出了党组织。

梁冰弦、刘石心、区声白等曾在广州的协同和机器厂等工厂工人中活动，组织工人俱乐部，开展讲演，“主要是揭露工人如何受资本家的剥削和压迫、不合理、不平等，要起来斗争”。他们编辑的《劳动者》注意用浅白的文字宣传劳工神圣，具体报道工人的痛苦生活，揭露资本主义的剥削，号召工人团结起来，组织工会，反对资本家压迫，是与上海的《劳动界》和北京的《劳动音》同为向工人宣传革命道理的通俗刊物。

《劳动者》第一号发表题为《劳动者呵!》的发刊词，说明办刊宗旨是对工人进行教育，推动工人运动，实行工人自救，以摆脱痛苦状况。该文在揭露不劳动的官僚、绅士、头家、财主享福快活，做工的工人反而生活至穷至苦的社会现实后，指出：“工人问题，是社会的根本问题，是生产和分配的问题”，要由工人“自己起来掌管生产和分配”，可是，“现在我们工人还没有组织团结（体），还没有言论机关”，“想免除这样困难，印书出版，也许是许多办法当中的一件办法。这是我们出版的唯一原因”。

为了提高工人阶级的思想觉悟，《劳动者》用通俗的语言和生动的事实，指出劳资之间的利益是根本对立的，造成劳资对立的根本原因是社会制度的不合理。改变工人困苦境遇的唯一办法，就是推翻现存的社会制度。1920年10月10日，《劳动者》第二号发表的《共产党的粤人治粤主张》一文指出：

> 根本的解决办法，只有平民振起，由农夫劳动者的组合，把一切政治机关推翻，把一切金钱组织推倒，实行共产主义去！

《劳动者》在调查报告中介绍了广州机器工人、鞋业工人繁重劳动而所得十分微薄的悲惨状况，揭露资本家对工人的严重剥削。《劳动者》还经常报道各地建立工会和开展罢工斗争的情况，同时该刊还介绍十月革命的经验和苏俄劳农政府领导下的土地政策、劳工运动、妇女运动等。

《劳动者》第二、第四、第五、第六号上连载的《劳动歌》，实际上是著名的《国际歌》的最早中译文，只是翻译得较为粗糙，译文不够准确。

《劳动者》主要由无政府主义者主持编辑，因而也散布了不少无政府主义的思想。与上海共产党早期组织创办的《劳动界》、北京共产党早期组织创办的《劳动音》相比，广州《劳动者》周刊对马克思主义的宣传是不够的。尽管如此，《劳动者》在宣传社会主义思想、启发工人的阶级觉悟、教育工人团结起来斗争等方面，还是起了一定的积极作用。

各地共产党早期组织通过创办通俗刊物，运用马克思主义的观点，结合工人阶级的生活劳动状况和斗争实际，深入浅出地对工人群众进行启蒙教育，推动了中国早期工人运动的发展，促进了马克思主义同中国工人运动的密切结合。

二十五　组织『真正的工人团体』

五四运动以前，全国产业工人已有200万人以上，再加上4000万左右的手工业工人、店员和城市苦力，一支具有中国特色的工人阶级队伍已经形成。1919年的五四运动，是工人阶级以独立的姿态登上中国政治舞台的重要标志。

上海是中国产业工人最集中的地区，1920年上海大约有30万工人，约占上海总人口的20%。广大工人受到中外资本家的残酷剥削和压榨，他们劳动时间长，工作环境恶劣，劳动强度大，工资极其微薄，过着痛苦不堪的生活。同时他们在政治上没有任何权利和地位，饱受资本家的凌辱，尊严不断遭到践踏。五四运动之后，工人运动高涨，形形色色的工会团体纷纷建立起来，其中不乏打着“工会”的招牌，实际上被封建势力、资本家和政客所把持、操纵和利用的“招牌工会”，它们根本代表不了工人阶级利益。针对当时各种“招牌工会”，陈独秀辛辣地讽刺道：

> 现在上海有许多工会也是虚张声势的挂起中华中国全国总工会、联合会等等好看的招牌，其实他们底内容不但外省没有支部，就是在上海的会员也并没有几个真正工人，内中还有一个号称全国总工会的只有会长一名、会员一名，人家称他做“一个把总一个兵的工会”，你说可笑不可笑。

上海共产党早期组织成立后，把主要精力放在开展工人运动上，通过开展一系列的宣传教育活动，号召工人们团结和组织起来，建立真正代表自己利益的工会组织。上海党组织首先创办了工人刊物《劳动界》，此后又在沪西小沙渡兴办“工人半日学校”，提高工人文化水平，向他们灌输马克思主义，工人群众的阶级觉悟有了迅速的提高。

1920年8月22日，陈独秀在《劳动界》第二册上发表了《真的工人团体》的短文，文中明确指出：“工人要想改进自己的境遇，不结团体固然是不行。但是像上海的工人团体，就再结一万个也都是不行的。”他号召“觉悟的工人呵！赶快另外自己联合起来，组织真正的工人团体呵！”李达也在《劳动界》上撰文强调组织工会的重要性，他说：“劳动者若看清了资本（家）的专横跋扈掠夺无人道，就应该组织劳动者的团体（如工会之类）去和资本家对抗。团体越巩固，势力越大。”

1920年9月26日，海军造船所工人李中在《劳动界》第七册上发表《一个工人的宣言》，深入浅出地宣传了马克思主义关于“全世界无产者，联合起来”的观点。宣言一开头就说：

> 我们少数同声同类的工人，再联络多数同声同类的工人，成一个大团体。由我们大团体，再联络他一大团体，以成中国一大团体。由中国的大团体，再联络他国的大团体，以成世界一大团体。世界团体呀！中国团体呀！我们团体呀！发端就在我们少数工人呢。

他还在文章中充满激情地写道：

> 工人的运动，就是比黄河水还利（厉）害还迅速的一种潮流。

将来的社会，要使他变个工人的社会；将来的中国，要使他变个工人的中国；将来的世界，要使他变个工人的世界。

李中的这篇文章喊出了广大工人群众的心声，反映了觉醒的工人要求组织起来建立工会的强烈愿望。

李中（1897—1951），湖南湘乡人

李中，1897年生于湖南省湘乡县一个世代书香的家庭，原名李声澥。因家庭经济不宽裕，1913年秋考入免收学膳费的湖南省立第一师范学校（简称一师），并结识毛泽东、蔡和森，积极参加进步活动。1915年参与毛泽东等在一师发起的驱逐校长张干的活动。在此期间，他在毛泽东的影响下，通过办工人夜学取得了联系工人的初步经验。1918年夏毕业后到上海做工。五四运动后，上海的新思想、新文化广为传播。1920年初，陈独秀从北京来到上海后，《新青年》杂志也随之迁来并扩大发行。李中不仅成为这个刊物的忠实读者，而且还经常前往法租界霞飞路渔阳里2号《新青年》编辑部拜访主编陈独秀，并与陈独秀建立了密切联系。陈独秀了解到李中是毛泽东、蔡和森在湖南一师的同学，追求革命，就送给他新出版的《新青年》以及宣传马克思主义的书刊。

在陈独秀的启发和引导下，李中的思想进步很快，初步接受了一些马克思主义，并热心于工人运动。后进入湖南湘乡籍工人众多的上海江南造船厂（即海军造船所）当了一名打铁工人，借助于同乡关系广泛联络团结工人。他的这种行动得到陈独秀的赏识。为了深入开展工人运动，陈独秀邀请他到渔阳里2号与自己同住。通过陈独秀的关系，李中结识了李达、李汉俊、俞秀松、陈望道、李启汉、包惠僧等早期共产主义者。1920年8月，李中加入刚刚成立的上海社会主义青年团，不久又加入上海共产党早期组织，成为最早的一名“工人党员”。1920年秋，陈独秀派李中在江南造船厂组织机器工会。毛泽东在1920年11月的一封信中提道：

> 李君声澥（即李中）以一师范学生在江南造船厂打铁，居然一两个月后，打铁的工作样样如意，由没有工钱已渐得到每月工钱12元。他现寓居上海法租界渔阳里2号，帮助陈仲甫（即陈独秀）先生等组织机器工会。

1920年10月3日下午，上海机器工会在法租界霞飞路新渔阳里6号

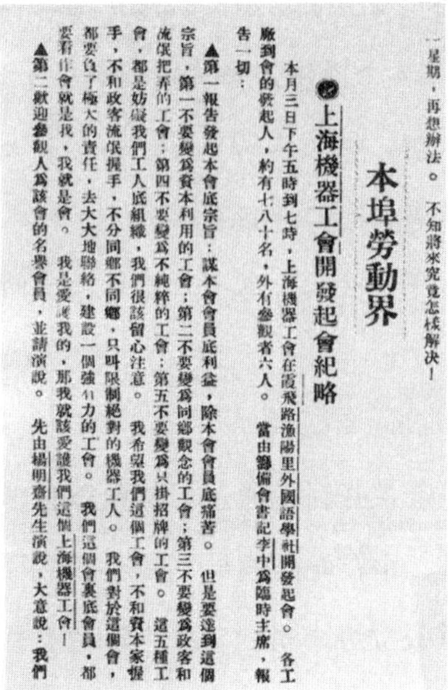

一星期，再想辦法。不知將來究竟怎樣解決！

本埠勞動界

上海機器工會開發起會紀略

本月三日下午五時到七時，上海機器工會在霞飛路漁陽里外國語學社開發起會。各工廠到會的發起人，約有七八十名，外有參觀者六人。當由籌備會書記李中爲臨時主席，報告一切：

▲第一報告發起本會底宗旨：謀本會會員底利益，除本會會員底痛苦。但是要達到這個宗旨，第一不要變爲資本利用的工會；第二不要變爲同鄉觀念的工會；第三不要變爲政客和流氓把弄的工會；第四不要變爲不純粹的工會；第五不要變爲只掛招牌的工會。這五種工會，都是妨礙我們工人底組織，我們很該留心注意。我希望我們這個工會，不和資本家握手，不和政客流氓握手，不分同鄉不同鄉，只叫限制絕對的機器工人。我們對於這個會，都要負了極大的責任，去大大地聯絡，建設一個強有力的工會。我們這個會裏底會員，都要看作會就是我，我就是會。我是愛護我的，那我就該愛護我們這個上海機器工會！

▲第二歡迎參觀人爲該會的名譽會員，並請演說。先由楊明齋先生演說，大意說：我們

1920年10月，上海共产党早期组织发起组织了中国第一个现代工会——上海机器工会。图为《劳动界》刊登的消息

上海机器工会旧址（原西门路泰康里41号，今自忠路225号）

（今淮海中路567弄6号）外国语学社召开发起大会，到会的除江南造船厂、杨树浦电灯厂、厚生纱厂、东洋纱厂、恒丰纱厂等的80名发起人外，上海共产党早期组织成员陈独秀、杨明斋、李汉俊、李启汉、王平、吴溶沧6人以参观者身份出席会议。这次会议由筹备会书记李中任临时主席，他在会上开宗明义地提出了上海机器工会的宗旨："谋本会会员的利益，除本会会员的痛苦。"要努力实现这个宗旨，就要做到"五不要"："第一不要变为资本利用的工会；第二不要变为同乡观念的工会；第三不要变为政客和流氓把弄的工会；第四不要变为不纯粹的工会；第五不要变为只挂招牌的工会。"

陈独秀在会上发表了热情洋溢的演说：

> 现在世界的工会，只有三个团体很有势力。第一就是矿工，第二就是铁道工，第三就是机器工。这三个团体，要是彻底联络了，那就社会上一切物件，都要受他底支配，就是政府也不得不受其支配。我听说有七八十个机器工人，发起这个上海机器工会，算得是一个很好的事。我希望这个工会到了明年今天，就有几千或几万的会员，建设一个大力量的工会。

会议聘请陈独秀等6人为名誉会员。会议还讨论通过了陈独秀和李中起草的《机器工会章程》，分6章32条，是在党的领导下制定的最早的工会组织章程。会议最后决定在杨树浦设立办事机构，并决定为节省工友开支，以通函方式选举产生理事会。在领导机构正式成立前暂设经募处，内设主任一人，办事员五人，推选陈独秀为经募处主任，李杰、陈文焕、吕树仁、陆征章和李中为办事员。

10月17日，上海机器工会理事会正式选举产生，推选出了4名理事，由吕树仁任书记理事，朱鹤琴任调查理事，陈文焕任会计理事，李中任庶务理事。

11月21日，上海机器工会在白克路207号（今凤阳路186号）上海公学召开成立大会。参加大会的有机器工会会员、各工会代表及来宾近千人。孙中山、陈独秀等社会知名人士到会祝贺，会场气氛热烈，盛况空前。次日《民国日报》以《上海机器工会成立记》为标题作了如下报道：

> 上海机器工会昨日假白克路上海公学开成立大会，到会者约近千余人。三时开会，由主席李中报告本会经过情形。演说者有孙中山、陈独秀、欧阳桂生、倪文富等。中山先生之演说有二小时之久，详述机器与资本势力之关系，而归宿于三民主义。略谓我人欲贯彻民生主义，非在官僚手中夺回民权不可，否则我国徒拥一专制变相之民主国号耳。陈独秀谓工人团体，须完全工人组织，万勿容资本家侧身其间，不然仅一资本家式的假工会而已。

上海机器工会成立后，发展非常迅速。它从发起到召开成立大会的两个多月里，会员从七八十人增加到了370多人，并出版了“真正工人的出版品”《机器工人》，成为当时上海有影响的工会之一。

上海机器工会成立后，开展各方面的联络工作，推动工人运动的进一步开展，使上海工人运动的面貌为之一新。它不同于旧的“工人团体”，以崭新的姿态出现在历史舞台上，对各业工人产生了巨大影响。不久，上海印刷工人按照“大致和机器工会相同”的章程，建立了上海印刷工会，会员有1300余人。1921年7月7日出版的《共产党》月刊第六号曾高度评价上海机器工会和随后成立的上海印刷工会，认为在上海所有工会中“办理得有精神有色彩的工会，要算去年组成的机器工会和印刷工会”。与此同时，上海机器工会还引起了国外工会组织的关注。1920年12月14日，美国最大的工会组织“世界工人联合会”执行部总干事罗卜郎专门给上海机器工会来了信，信中说：“听到你们竭力组织和教育你们国里的工人，我们因此希望你们成功，而且表示国际上的同情。”这是我国工人团体第一次和外国工人团体联系，取得国际工人阶级的支持。

上海机器工会是党的早期组织领导成立的“真正的工人团体”，是中国工人阶级的第一个工会组织，工人阶级从此有了“娘家人”。它的建立标志着中国工人阶级的觉醒和中国工会运动的兴起，同时也标志着党在领导工人运动方面，由宣传教育阶段进入有计划地组织工人的阶段。

二十六　『北方劳动界的一颗明星』

各地共产党早期组织成立以后，除了创办通俗刊物向工人群众灌输马克思主义，唤醒工人的阶级觉悟外，还深入工人群众中组织工人成立工会，进一步推动工人运动发展，促进马克思主义同中国工人运动相结合。在中国共产党正式成立之前，除了上海党组织建立的机器工会、印刷工会外，还有北京党组织建立的长辛店工人俱乐部等工会组织。

长辛店位于北京市丰台区永定河西岸，地处交通要道。20世纪初因为火车站的开设以及长辛店铁路机厂的修建，成为新兴产业工人的聚集地，有铁路工人3000余人。当时铁路工人遭受洋人资本家和大小工头的层层盘剥，过着极其悲惨的生活。每天工作十几个小时，上班时间连喝水、说话都要被罚钱，工资却又非常低微。“成年累月做牛马，吃喝如猪穿如柳，军阀刀鞭沾满血，工人何时能出头？”因此，铁路工人们把长辛店又叫作“伤心店”。他们在忍无可忍的情况下，经常进行自发性的反抗斗争。在五四运动中，长辛店铁路工人最先起来声援爱国学生，他们每十个人一起，组成一个个“救国十人团”，同学生们一起来到车间、车站、农村进行反帝救国宣传，同时以罢工的实际行动来支援学生的反帝爱国斗争。

由于长辛店有一定的群众基础，李大钊和北京党组织决定从长辛店入手，开展工人运动。1920年12月19日，李大钊和北京党组织派邓中夏等人来到长辛店，以“提倡平民教育”为名，筹办长辛店劳动补习学校。

邓中夏（1894—1933），湖南宜章人

邓中夏，1894年出生于湖南省宜章县太平里乡邓家湾村一个破落的地主家庭。1917年夏考入北京大学，积极宣传爱国主义，探求救国救民的真理。1918年以后，受俄国十月革命和李大钊的启发影响，开始接受马克思主义。同年冬和几位同学一道利用寒假到唐山矿区接触工人，了解工人的生产和生活状况。1919年3月发起组织北京大学平民教育讲演团。五四运动爆发后，他作为北京学生联合会领导人站在运动的前列，参加街头演讲和游行示威，是五四反帝爱国运动的组织者之一。1920年3月在李大钊领导下，发起组织北京大学马克思学说研究会，比较系统地学习了马克思主义理论，决定投身到工人解放运动中去。同年4月带领平民教育讲演团来到长辛店铁路工人中宣传反帝反封建的革命主张，还和史文彬等积极分子谈话，商议今后进一步加强联系的办法。同年五一国际劳动节，邓中夏等又赶赴长辛店，在铁路工人中散发《五月一日北京劳工宣言》并发表演讲，阐述五一劳动节的历史及意义，受到工人群众的欢迎。1920年底，他参加北京共产党早期组织，积极协助李大钊工作，成为最早的一批共产党员。

1920年12月21日，邓中夏署名“心美”在北京《晨报》上发表《长辛店旅行一日记》，详细记述了长辛店劳动补习学校的筹办过程。他们到达长辛店后，受到工人们的热情欢迎，对他们“好比兄弟一般”。

“食完了饭后，就开筹办会议”。他们向工人说明创办劳动补习学校的意义：“为什么我们工人终日辛苦作工，而不得温饱，而那班不作工的官僚政客资本家等却高楼大厦，衣锦食肉。他们的钱哪里来的，他们的衣食住哪里得的，都是由我们工人的血汗造成的，所以我们没有得享受，弄到困苦的情形。现在我们想得到幸福，非先有知识不行，所以我们要设立这个学校”。工人们听了以后“个个都点头”。

经过邓中夏等人的积极努力，由北京大学学生会和平民教育讲演团募捐了一笔钱作为开办费，租了三间房子，置备了一批桌凳。1921年1月11日，长辛店劳动补习学校正式开学。它是党组织创办的第一所工人学校。学校简章规定，“凡身体强健，身家清白的劳动者，不论年龄大小和识字与否，都可入学”，且“概不收学费”。学校负责人为邓中

长辛店劳动补习学校旧址

夏，教员都是由北京党组织派去的。开办初期，李大钊、邓中夏、张国焘、罗章龙等北京党组织成员还轮流到该校讲过课。

为办好劳动补习学校，邓中夏等人每周到长辛店住校一两天，晚上就挤在一间小房子里。他们每人一个月拿7元的生活费，只吃3元的伙食，省下的钱买茶叶、糖果招待来上课的工人。

用什么课本教工人呢？有人说："用平民常用字课本就行了。"邓中夏摇摇头说："不！我们应该根据工人的生活、劳动情况，自己编一个工人识字课本，把工人劳动常用的工具、器物等编在课本上。让工人知道'老虎钳'三个字怎么写，'锉刀'是哪两个字。"大家都同意邓中夏的意见。此后，劳动补习学校教材都由教员自己编写。学校还备有《劳动音》《共产党》《工人周刊》等进步刊物供工人阅读，很受工人的欢迎。

学校分日夜两班，白天教工人的孩子，晚上教工人，其中多为青年工人。白天课程与普通国民高等小学堂课程差不多；晚上课程包括国文、法文、社会常识、科学常识和铁路知识。

李大钊、邓中夏及教员们在讲课时先教识字，再用浅显易懂的语言讲授革命道理，宣传马克思主义真理，启发工人的阶级觉悟。在宣讲"劳工神圣"的道理和工人阶级的历史使命时，李大钊充满激情地对工人们说："咱们工人阶级有力量，能顶天立地。"他边说边在黑板上写了一个"工"字，又在"工"字下面写了一个"人"字。然后对大家说：看，工和人两个字连起来就是个"天"字，说明咱们工人们团结起来，力量就大于天啊。后来有工人问："工人伟大，为什么受穷呢？"邓中夏回答："受穷不是命中注定的，也不是八字不好，是军阀和厂主剥削的……我们穷，是世界上最大的不合理。怎么办？"工人们都说不出怎么办。邓中夏接着说："只有我们大家团结起来。五人团结一只虎，十人团结一条龙，百人团结成泰山，谁也搬不动。"这些朴实的革命道理，像一阵春风，逐渐把工人们心中的乌云吹散开来。

在课后，邓中夏和教员们还经常对工人进行家访，同工人交朋友，促膝谈心，了解他们的思想和生活情况，还把自己编的歌曲教给工人唱。常有工人请教员到自己家去吃饭喝酒，教员也不再讲客气，到工人家里和工人们一起就着咸菜喝老酒，一喝就喝上几两。邓中夏本名"邓仲澥"，为好写好认，改为"邓中夏"。时间长了，穿着长衫的先生与穿着短衣的工人打成一片，成了嘘寒问暖的一家人。工人们亲切地称劳动补习学校为"工友之家"。来校学习的工人也从最初的百余人增加到530余人。就这样，先进知识分子与工人阶级实现了初步结合，马克思主义开始真正走进工人中。

经过学习，长辛店工人的文化水平和阶级觉悟都有了显著的提高，迫切要求摆脱旧式行帮组织和资本家操纵的黄色工会的控制和影响，建立自己的工会组织。1921年6月26日，《北京共产主义组织给中共一大的报告》中指出，

> 这所学校看来是我们接近工人的一个途径，我们和工人之间逐渐产生了亲密友好的感情；我们不止一次地向工人提出鼓舞他们的重要建议，结果，我们看到，认为必须提出各种阶级要求，像增加工资、缩短工时、成立工会等思想，在工人中间不断增长起来。

与此同时，北京党组织从创办劳动补习学校之初开始，就有意识地接近工人，注意培养工人骨干，为将来成立工会打下基础。邓中夏后来

也指出，开办该学校“是我们党在此地工作的入手方法，借此以接近群众，目的在于组织工会”。

1921年4月中旬，邓中夏赶到长辛店，和史文彬等工人积极分子商量，在长辛店劳动补习学校的基础上创办长辛店工会，并决定在纪念五一国际劳动节的时候，宣布工会成立。与此同时，史文彬等工人骨干串联各处工人，开始筹建工会组织。

1921年5月1日早晨，长辛店娘娘宫大院热闹非凡。长辛店铁路工人以及从天津、保定来的工人代表共1000多人在这里举行纪念国际劳动节大会，会上宣布成立“京汉铁路长辛店铁路工人会”，史文彬被选为工会委员长。会后，工人们高呼“劳工万岁”“八小时工作”等口号，雄赳赳气昂昂地到大街上游行。

长辛店铁路工会简章中明确规定：“凡长辛店铁路工人及车站工人，都可以做本会的会员。”而工头、员司、路警则不能参加工会。最初加入者有340余人。不久工会团结广大工人，成功地开展了几次小规模的经济斗争，帮助工人改善生活待遇，争取各种权利，声望日渐提高。1921年7月7日出版的《共产党》月刊第六号报道了长辛店铁路工会成立的消息，并热情地称赞工会

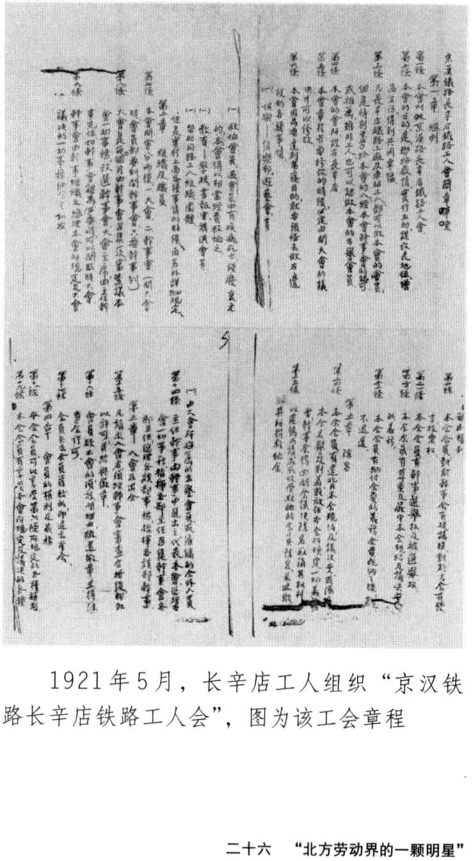

1921年5月，长辛店工人组织“京汉铁路长辛店铁路工人会”，图为该工会章程

“办的很有精神，实可令人佩服，不愧乎北方劳动界的一颗明星”。

1921年10月20日，长辛店机器厂、修车厂、工务厂50名工会代表召开联席会议，决定将长辛店铁路工会改组为“京汉铁路长辛店工人俱乐部”，会员人数达1200余人，史文彬当选为工人俱乐部委员长。为什么不叫工会而叫俱乐部呢？邓中夏说，因为这里许多招牌工会是工头发起的，工人不愿与他们混用同样的名称，所以改称俱乐部。

长辛店工人俱乐部具有很强的示范效应，京汉铁路各处纷纷派代表来长辛店参观学习，回去后也模仿长辛店组织工人俱乐部，使工会组织迅速发展到京汉铁路各站，推动了京汉铁路工人运动和北方工人运动向前发展。长辛店工人俱乐部因此被称为中国北方工人运动的摇篮。

长辛店工人运动是马克思主义和中国工人阶级相结合的典范。在《北京共产主义组织给中共一大的报告》中，有近三分之一篇幅谈及长辛店工人运动的情况，长辛店因此也是中国共产党在北京孕育的重要红色沃土。

二十七　创建社会主义青年团

1919年五四运动以后，具有初步共产主义思想的青年知识分子带头到工人中进行宣传和组织工作，促进马克思主义与中国工人运动的结合，为中国共产党领导的青年团的创建作了思想上、组织上的准备。

1920年8月22日，上海社会主义青年团成立，俞秀松任书记。图为部分团员合影。左起，前排：1为罗亦农（罗觉），2为袁笃实（达时）；后排：2为俞秀松，3为谢文锦

1920年，中国共产主义者在创建共产党的活动中，开始建立社会主义青年团。8月22日，在上海共产党早期组织指导下，俞秀松、施存统、袁振英等人在上海法租界霞飞路新渔阳里6号举行会议，建立了上海社会主义青年团，21岁的俞秀松任书记，这是中国第一个青年团组织。关于它成立的细节，1921年7月，中国社会主义青年团代表张太雷、俞秀松、陈为人联名向在莫斯科举行的青年共产国际第二次代表大会提交的报告中说：

第一个青年团是在上海成立的，它的目标是，在青年热情的帮助下来准备社会革命。最初，这个青年团被称为青年社会革命党。只是在第九次会议后，它才采用现在的名称。在这次会议上，当建议改变此组织的名称时，那些原本是无政府主义者的成员离开了这个组织。1920年8月22日，社会主义青年团正式举行成立典礼，其成员均为共产主义者（共产党员）。

此后，建团工作首先在外国语学社的学生中开展。

外国语学社是上海党组织在维经斯基的帮助下，于1920年9月创办的一所培养干部和留俄学生的学校，位于青年团机关所在地，以公开办学的形式掩护青年团的各种活动。学社由杨明斋任校长，俞秀松为秘书，负责日常事务。学员主要由各地进步社团和革命人士推荐介绍，免试入学。它吸收了上海、湖南、浙江、安徽等地的进步青年入学，学习外语和马克思主义基本知识，并参加工人运动和各项进步的社会活动。学员经常保持有三四十人，多时达五六十人。刘少奇、罗亦农、任弼时、萧劲光、汪寿华、柯庆施、蒋光慈、曹靖华等人参加了学习。其中，罗亦农、任弼时、萧劲光等30多人成为中国最早的社会主义青年团团员。李达回忆说：

1920年夏间，内地有许多青年脱离了家庭，离开了学校，去到上海找《新青年》社的陈独秀和《民国日报》觉悟栏编者邵力子。党在上海发起以后，决定成立社会主义青年团，并决定新渔阳里6号作容纳那些青年的处所，并介绍他们加入社会主义青年团（简称S.Y.），派俞秀松（党的发起人之一）负责主持。这些青年大约有

20人……在这幢房子外，还挂上了“外国语学社”的招牌，请国际代表威丁斯克（即维经斯基）的夫人教俄文。

1920年9月，上海共产党早期组织创办了外国语学社。图为学社旧址：上海霞飞路新渔阳里（今淮海中路567弄）6号

新渔阳里6号是两层楼的楼房，原先是戴季陶承租的，戴起初同上海早期共产党人关系密切，戴迁出后，就由杨明斋出面续租。包惠僧回忆说，1920年春杨明斋同吴廷康到上海找陈独秀商量建党之初，即租定这个房子。是哪一个月起租不详，是杨明斋经手租的。此外，选择这个地点，还因为这里离陈独秀寓所老渔阳里2号很近，来往方便。楼上是机关办公的地方，杨明斋住在楼上的亭子间里，房间里只放1桌1床，陈设极其简陋。楼下是教室，不上课时用作其他活动。除俞秀松以及刘少奇、柯庆施等少数学生住楼上外，大部分学生在校外租廉价的民房住。

根据学社的安排，学生半日上课，半日自修。学员主要学习俄文，由维经斯基夫人库兹涅佐娃教授。维经斯基夫妇于1921年春回伊尔库茨克后，由陈独秀友人老同盟会会员王维祺的女儿王元龄接任俄语教师。李达教日文，李汉俊教法文，袁振英教英文。

从1920年冬至1921年春，上海青年团从外国语学社的学生中选派

30多名团员分3批赴苏俄学习、考察，其中有刘少奇、罗亦农、任弼时、萧劲光等人。他们中的大多数人，后来成为中国共产党的重要骨干。

1921年1月，上海青年团团员人数增加，就建立了执行委员会，俞秀松任书记，委员会由秘书、教育、组织、调查、编辑、宣传、联络、图书处共8处组成，每个团员都分在一个处里工作。到1921年3月时，上海青年团的团员约有200人。上海团组织要求团员到劳动群众中去，要求知识分子和工人运动相结合。李中负责机器工会，李启汉到小沙渡办工人补习学校，同时联系沪西纺织工人。俞秀松协助编辑《劳动界》。许多团员都到工人中去进行调查研究和宣传教育工作，并将有关工运的文章发表在《劳动界》和上海《民国日报》副刊《觉悟》上。团员在社会实践中受到了教育，也增长了才干。团组织还经常举行政治报告会，由陈独秀、俞秀松、李达、杨明斋等作演讲。

鉴于当时全国尚无青年团组织，并根据上海共产党早期组织的授意，上海青年团承担联络各地建团的责任。上海青年团一成立，便向各地共产主义者寄发它所拟定的团的章程，要求各地进行建立团组织的工作，并明确规定："正式团中央机关未组成时，以上海团机关代替团中央职权"。

1920年11月，在李大钊的指导下，由张国焘、邓中夏发起，在北京大学学生会办公室召开了北京社会主义青年团成立大会。参加会议的有高尚德（高君宇）、张国焘、邓中夏、刘仁静、罗章龙等40人，并成为北京首批团员。张国焘致开幕词，会议通过了团的章程，选举北大学生会负责人高君宇为书记。它组织团员、青年学习马克思主义，并到天津、唐山的工矿中开展工作，努力同工人阶级相结合。后来，武汉、长沙、广州、天津、太原等地先后建立了社会主义青年团。到1921年初，全国各地团员共有1000多人，成立临时团中央的条件已经成熟。1921年3月，中国社会主义青年团临时中央委员会在上海成立，俞秀松任书记，团中央机关仍设于新渔阳里6号。

由于早期青年团团员成分复杂，信仰不一，有信仰马克思主义的，也有信仰无政府主义的，还有信仰基尔特社会主义和工团主义的，等等。特别是1921年春以后，由于俞秀松和上海团组织一些骨干赴苏俄学习，各地组织联系更加松散，加上经费紧张等原因，到1921年5月前后，上海及一些地方的团组织暂时停止了活动。

中国共产党成立后，中共中央局着手恢复和加强青年团工作。1921年8月，出席青年共产国际二大的张太雷带着青年共产国际的指示从莫斯科回到上海，中共中央局责成张太雷主持青年团的恢复工作。11月，中共中央局发布由书记陈独秀署名的通告，要求各地党组织切实注意青年运动，并告青年团“章程日内即寄上，望依新章从速进行”。

1922年4月，中共中央局决定，上海地方社会主义青年团代理中国社会主义青年团临时中央局的职权，施存统任代理书记。在4月1日出版的《先驱》第五号上，刊登了《中国社会主义青年团临时章程》。该章程明确指出：社会主义青年团“以研究马克思主义，实行社会改造及拥护青年权利为宗旨”；同时规定“正式中央机关未组成时，以上海机关代理中央职权”，名称为中国社会主义青年团临时中央局。从

施存统（1899—1970），浙江金华人

1922年春开始，青年团临时中央局同各地团组织建立了联系，领导各地团组织的整顿和发展工作，并着手筹备召开中国社会主义青年团第一次全国代表大会。

在党的领导和帮助下，青年团组织在短短几个月时间里得到较快的发展，到1922年5月，全国有上海、北京、南京、天津、太原、保定、唐山、武昌、长沙、杭州、安庆、广州等18个地方恢复和建立了青年团组织，全国团员超过5000名。

1922年5月5日，中国社会主义青年团第一次全国代表大会在广州隆重开幕。这一天正是马克思诞辰104周年纪念日，大会选择在这一天召开，表明中国社会主义青年团是信仰马克思主义的革命团体。

参加大会的有来自上海、北京、广州、长沙、武昌、南京、太原、唐山、天津、保定等15个地方团组织的代表蔡和森、邓中夏、张太雷、施存统、俞秀松等25名代表，以及青年共产国际的2名代表。中共领导人陈独秀、张国焘、彭湃、李启汉等也出席了会议。参加大会的还有全国劳动大会代表①和来宾，共1500余人。张太雷主持会议并向大会致开幕词，陈独秀作了题为《马克思主义两大精神》的讲演。大会听取了施存统作的青年团临时中央局和上海青年团的情况报告，讨论通过了《中国社会主义青年团纲领》《中国社会主义青年团章程》及各项决议案。5月10日晚上，大会选出了施存统、高君宇、张太雷、蔡和森、俞秀松5人为青年团第一届中央执行委员会委员，施存统被推选为书记。团中央机关驻上海。大会完成了中国社会主义青年团的创建工作，中国社会主义青年团实现了思想上、组织上的完全统一。

---

① 当时，中国共产党领导召开的第一次全国劳动大会正在广州举行。

尽管中国社会主义青年团在初创时期存在着严重的弱点，但各地团组织引导广大青年学习和宣传马克思主义，带领团员和青年深入工农群众，配合党的早期组织开展群众工作，在一定程度上起到党的助手和后备军的作用。成立青年团对中国共产党的创建也是一个推动。1949年4月，任弼时在中国新民主主义青年团第一次代表大会的政治报告中对此作出了充分的肯定，他指出："1920年成立的社会主义青年团对建党的工作在某种意义上是起到了思想上和组织上的准备作用。"

二十八　群英会聚上海滩

1921年6月初，共产国际代表马林（荷兰人）和共产国际远东书记处、红色职工国际代表尼克尔斯基（俄国人）先后到达上海，并与上海党的早期组织代理书记李达及李汉俊建立了联系。李达、李汉俊向马林介绍了党的早期组织在全国各地及海外的发展情况，马林听后建议及早召开全国代表大会，正式宣告党的成立。随后，李达分别与广州的陈独秀、北京的李大钊商议，确定在上海召开党的全国代表大会。接着，李达、李汉俊便分别写信通知北京、武汉、长沙、济南、广州和旅日的党组织，请他们速派两名代表到上海开会，并从马林带来的共产国际经费中，给每位代表寄去100元路费。

马林（1883—1942），荷兰人

全国各地党组织接到上海党组织的通知后，积极响应，共选派13名代表来上海参加建党大会。他们代表着50多名党员。由于当时中国处在北洋军阀的统治之下，党的早期组织处于秘密状态，初创时期既无现成的经验可用，也无统一的规章制度可循，加上各地区的政治环境不同，活动特点也不一样，因此各地代表产生的方式也不一样。有的是召开党员会选举代表，有的是以发起人为当然代表，有的是个别协商产生代表，有的则由党的领导人指定代表。

在这13名代表中，党的两位主要创始人、有“南陈北李”之称的陈独秀和李大钊却没有当选为代表而同时缺席党的一大，这是什么原因呢？

客观地说，“南陈北李”缺席党的一大，一个重要原因是当时党处于初创时期，无论是“南陈北李”还是各地党组织都没有特别看重这次大会，在“南陈北李”看来中国共产党早在1920年已经成立了，参加不参加一大意义并不大。即便是参加会议的代表们当时没有也不可能预见到这次会议将对中国革命具有的划时代、里程碑的重大意义，以至于十几年后，毛泽东、董必武、陈潭秋等代表们竟然没有一人记得一大开幕的具体日期。

广州党组织推举的代表是陈公博以及由陈独秀指定的代表包惠僧。当时陈独秀在广州担任广东政府教育委员会委员长。在李达的来信中，特意提到要陈独秀和广州代表一起来上海参加建党大会。然而他正在筹办广东大学预科学校，为争取一笔款子修建校舍，四处奔忙而无法脱身。此外还有一个原因，如同陈公博后来所说，陈独秀“为上海租界当局所注意”。上海租界工部局的《警务日报》从1920年4月20日开始就有对陈独秀的监视记录，即使陈独秀离开上海前往广州后仍有记录。因此，也有可能是出于一大会议安全的考虑，他没有出席一大会议。

于是，陈独秀在广州党员会议上提名陈公博为广东党组织代表，另指定包惠僧为代表由穗赴沪参加党的一大。包惠僧回忆说：

有一天，陈独秀召集我们在谭植棠家开会，说接到上海李汉俊的来信，信上说第三国际和赤色职工国际派了两个代表到上海，要召开中国共产党的发起会，要陈独秀回上海，请广州支部派两个人出席会议，还寄来200元路费。陈独秀说第一他不能去，至少现在不能去，因为他兼大学预科校长，正在争取一笔款子修建校舍，他一走款子就不好办了。第二可以派陈公博和包惠僧两个人去出席会议，陈公博是办报的，又是宣传员养成所所长，知道的事情多，报纸编辑工作可由谭植棠代理。包惠僧是湖北党组织的人，开完会后就可以回去。其他几个人都忙，离不开。陈独秀年长，我们又都是他的学生，他说了以后大家就没有什么好讲的了，同意了他的意见。

陈独秀指派包惠僧参加建党大会，源于包惠僧作为陈独秀的挚友，深受陈独秀的器重和信任。

包惠僧，1894年出生于湖北黄冈。1917年毕业于湖北省立第一师范学校。毕业后在武昌任教半年，后任《汉口新闻报》《大汉报》等报记者。1919年春到北京，在北京大学文学系旁听，参加五四爱国运动。同年返回武汉，继续从事新闻记者工作。1920年2月初，陈独秀受邀到武汉高校讲学，包惠僧慕名前去采访。经过两次深谈后，他与陈独秀相见恨晚，一见如故，互相视为知己。这两次深谈也影响了包惠僧的人生方向，使他对马克思主义产生了浓厚兴趣。1920年8月，包惠僧参与创建武汉共产党早期组织，并被推选为书记。1921年1月，包惠僧来到上海，准备到苏俄留学。后因去海参崴的海路中断，加上经费困难而未能成行。随后就留在上海，并参加上海党组织的教育宣传工作。同年5月中旬，主持上海党组织工作的李汉俊派他去广州找陈独秀商谈工作。在广州的这两个月里，包惠僧"没事就到陈独秀处去谈天"，"无话不谈"，两人关系更加密切。包惠僧回忆说：

我与陈独秀的关系就是在这段时间建立起来的。这两个月我们几乎天天见面，他比我大15岁，我很尊重他，我们都喜欢彼此的性格。我是读书人，他好比是书箱子，在学问上我受他不少影响，他俨然是我的老师，每次谈话都如同他给我上课，我总是很认真的思考他的话。陈独秀不讲假话，为人正直，喜怒形于色，爱说笑话，很诙谐，可是发起脾气来也不得了。他认为可以信任的人什么都好办，如果不信任就不理你，不怕得罪人，办事不迁就。

不久，包惠僧于1921年7月20日左右到达上海，参加建党大会。

陈公博，1890年出生于广东南海。早年曾加入同盟会。1917年从广州法政专门学校毕业后，考入北京大学哲学系。1920年毕业后返回广东，执教于广东法政专门学校，并与谭平山、谭植棠一起创办《群报》，任总编辑。1921年初参与建立广州共产党早期组织。同年7月14日偕新婚妻子从广州出发，经由香港转赴上海，于7月23日最后一个到达上海。他回忆说："上海利用着暑假，要举行第一次代表大会，广东选举了我出席。"

北京党组织推举的代表是张国焘和刘仁静。刘仁静回忆说：

1921年夏天，我们在北京西城为考大学的青年办了一个文化补习学校，由邓中夏教国文，张国焘教数理，我教英文。有一天，我们接到上海通知，要我们选派两个代表赴沪参加建党会议，于是我们就在这个补习学校开了一个选举代表的会……我依稀记得，那一天李大钊没有出席。当时出席的人都同意派代表赴上海开会，但并没有谁想到是去出席一个有重大历史意义的会议，也没有谁想争当这个代表。

我记得会上没有选李大钊……由于对一大的意义认识不足，一般习惯于在组织活动中不惊动李大钊，因而没有选举他是并不奇怪的。我记得选举的实际情况是：首先大家一致选张国焘当代表。在选第二个代表时，曾提出过邓中夏和罗章龙，然而他们十分谦让，以工作忙不可分身为由辞谢，这样最后才确定我当代表。

李大钊作为中国最早的马克思主义者和北京党组织的创始人，当选代表参加建党大会是众望所归。他之所以没有被推举为代表，一方面原因固然像刘仁静所说，包括“南陈北李”在内的早期共产党人那时候没有意识到出席建党大会的重要性，另一方面是因为他正忙于领导北京八校教职员索薪斗争，事务缠身。

1921年元旦后，控制北京政府的直奉军阀穷兵黩武，中饱私囊，断绝了仅占政府支出1%的教育经费，致使国立各校教职员的薪金无着，有的教职员困难得连稀粥都喝不上，生活难以为继。1921年3月14日，以北京大学为主的北京八校教职员向北京政府展开索薪斗争，形势一度紧张。八所高校成立了教职员代表联席会议，李大钊担任联席会议新闻股干事，后在该会主席马叙伦生病期间代理主席，负责召集各校联席会议。特别是6、7两个月，几乎天天有会，有时一天数会。6月3日，李大钊率领八校教职员工索薪团前往北京政府总统府请愿，遭到军警殴打。据《晨报》6月5日报道，李大钊被打得“昏迷倒地，不省人事”。经过近5个月的激烈斗争，直到7月28日，北京政府被迫答应部分条件，这次索薪斗争告一段落。而此时建党大会已经开幕，因此李大钊未能抽身前往上海参加会议。

张国焘被推举为党的一大代表后，由于还要参加大会的筹备工作，便立即动身赴上海，成为外地最先到达上海的代表。

刘仁静，1902年出生于湖北应城。1914年入武昌博文书院，参加恽代英组织的互助社。1918年入北京大学物理系学习。1919年参加五四运动，火烧赵家楼时，与其他几位同学带头奋勇爬窗进入曹宅，打开大门。后加入少年中国学会。1920年加入李大钊发起的马克思学说研究会，同年11月加入北京共产党早期组织，并被委派组织北京社会主义青年团。

刘仁静在6月底从北京乘车南下，7月2日到达南京参加少年中国学会举办的年会，然后于7月上旬到达上海。

长沙党组织代表是毛泽东、何叔衡。

何叔衡，1876年出生于湖南宁乡。曾在家乡私塾执教。1913年考入湖南省公立第四师范学校。1914年该校并入湖南省立第一师范学校，与毛泽东相识。二人志同道合，成为挚友。同年毕业后在长沙楚怡学校任教。1918年4月与毛泽东、蔡和森等组织成立新民学会。1919年五四运动后，积极参加驱逐湖南军阀张敬尧的斗争。1920年7月，他协助毛泽东筹办文化书社，8月与毛泽东发起组织湖南俄罗斯研究会。9月任湖南通俗教育馆馆长，主办《湖南通俗报》。同年与毛泽东创建长沙共产党早期组织。

毛泽东、何叔衡于1921年6月29日晚从长沙乘船北上，何叔衡好友谢觉哉在这天的日记中写道：“午后六时，叔衡往上海，偕行者润之。”他们先到武汉，再由武汉转赴上海，7月4日以后到达上海。

武汉党组织接到通知后，推举董必武和陈潭秋赴会。

陈潭秋，1896年出生于湖北黄冈。1912年到湖北省立第一中学读书。1914年入武昌中华大学补习。1916年秋考入国立武昌高等师范学校英语部学习。1919年五四运动中，参与领导武汉地区学生运动。1920年8月和董必武等发起组织武汉共产党早期组织，分管组织工作，并参与组建武汉社会主义青年团。1921年2月参与创办《武汉星期评论》，传播革命思想。

董必武和陈潭秋于1921年7月15日左右从武汉乘客轮顺流东下，7月20日左右抵达上海。

济南党组织代表是王尽美和邓恩铭。

邓恩铭，1901年出生于贵州荔波，水族。1917年到山东济南。1918年考入济南省立第一中学。1919年初开始接受马克思主义，并积极参加五四反帝爱国运动，被推举为省立第一中学学生会负责人，组织学生参加罢课运动。1920年夏在济南参与成立马克思学说研究会，学习和研究马克思主义。同年11月和王尽美在济南发起成立“励新学会”，出版《励新》半月刊，介绍俄国十月革命，抨击社会现状。1921年春和王尽美等人发起成立济南早期共产党组织。

王尽美和邓恩铭于1921年6月下旬到达上海。

旅日党组织推举的代表是周佛海。旅日留学生中当时只有在鹿儿岛的周佛海和东京的施存统是党员。施存统到日本的时间不长，功课又紧，便推荐周佛海回国参加建党大会。施存统回忆说：“日本小组还只有两个人，即我和周佛海。我们二人互推担任党代会的代表，最后由周出席（因为周已多年未回国）。”

周佛海，1897年出生于湖南沅陵的贫苦家庭。1915年考入沅陵第八联合中学。1917年带头闹学潮同校方争执被开除学籍，只身到长沙、上海求学无门，遂赴日本留学，开始接受新思想，写的文章有的被《新青年》杂志采用。1920年暑假回国滞留上海期间，结识陈独秀，参加上海共产党早期组织。返回日本后，与上海党组织成员施存统建立旅日共产党早期组织。

1921年7月下旬，周佛海利用暑假时间，回国到上海参加建党大会，是唯一从国外赶回参会的代表。

上海党组织代表是李达、李汉俊。上海党组织作为中国共产党的发起组，同时又是会议所在地，他们义不容辞地承担起了建党大会的筹备和会务工作。李达夫人王会悟负责代表的住宿安排。

博文女校旧址

各地代表到达上海后，除陈公博和新婚妻子住在上海大东旅社外，其他外地代表以“北京大学师生暑期旅行团”的名义住在法租界白尔路389号（今太仓路127号）博文女校内。博文女校陈设简陋，有的房间里设有简易的木板床，有的房间只在地上铺了凉席。此时正值学校放暑假，学生和教师都回家去了，所以校内相当安静。

1921年的上海租界，局势波谲云诡，13位来自五湖四海、带着神圣使命的热血青年，经过艰苦辗转的旅途汇聚于此地，一件惊天动地的大事变就要发生了。

二十九　被密探惊扰的建党会议

1921年盛夏7月的一个晚上，酷暑中的上海在焦躁不安中煎熬着，穿城而过的黄浦江水汹涌地撞击着堤岸，灯红酒绿的十里洋场弥漫着靡靡之音。在茫茫夜色的笼罩下，代表全国50多名党员的13名代表，悄然来到上海法租界望志路106号（今兴业路76号）一幢石库门小楼里，召开中国共产党第一次全国代表大会。

这一天是1921年7月23日。

中共一大会址现景

望志路106号是一座砖木结构的两层楼房，具有上海典型的里弄住宅建筑风格。它建于1920年秋，坐北朝南，青红砖相间的清水外墙，黑漆大门门楣上部有拱形雕塑花饰，是上海代表李汉俊胞兄李书城的住宅，人称“李公馆”。

这天晚上，在一楼18平方米的客厅中间摆放着一张大餐桌，13名代表围坐在四周。他们是：上海的李达、李汉俊，北京的张国焘、刘仁静，长沙的毛泽东、何叔衡，武汉的董必武、陈潭秋，济南的王尽美、邓恩铭，广州的陈公博，旅日的周佛海，以及受陈独秀派遣的包惠僧。他们或身着长袍，或西装革履，年龄最大的何叔衡45岁，最小的刘仁静19岁，平均年龄28岁，正巧是毛泽东的年龄。共产国际代表马林和尼克尔斯基出席了这次大会。

大会原定由陈独秀主持，因他未能到会，代表们临时推举参与会议筹备的北京代表张国焘主持会议。毛泽东和周佛海担任记录。

会议开始后，首先由张国焘报告会议的筹备经过，说明这次代表大会的任务，最重要的是制定党的纲领和实际工作计划。

张国焘讲话后，由马林和尼克尔斯基致辞，李汉俊和刘仁静即席翻译。马林说：中国共产党的成立，在世界上有很重大的意义。从此以后，第三国际添了一个东方支部，俄共（布）添了一个东方的战友。中国共产党的成立促进了世界无产阶级的联合。马林介绍了国际形势和共产国际的情况，谈了他在爪哇建党的过程和经验。他建议中国的同志，要特别注意开展工人运动，把工人中的积极分子吸收到党内来。尼克尔斯基向代表们报告了共产国际远东局成立的消息，建议大会及时把会议进程报告设在伊尔库茨克的共产国际远东局。

接着，代表们讨论了会议的议程和任务，一致同意先由各地代表报告本地区的工作开展情况，然后讨论和通过党的纲领，制订今后的实际工作计划，最后选举党的中央领导机构。

7月24日，大会召开第二次会议。各地代表报告了本地党组织成立的经过及活动情况，交流工作的方式方法和工作经验。包惠僧回忆说：

第二天会议由各地代表谈了一点各地的政治环境与工作情况，也没有个个发言，发言的也很简单，因为在草创时期各地的工作也不多，工作方针也没有确定，工作方针也是各处有各处的方法，所以代表们的报告不长。接着就讨论党纲了。

由于会前人员分散，时间仓促，党纲和工作计划的起草工作准备不够充分。根据马林建议，第二次会议选出了由张国焘、李达、董必武组成的起草委员会，负责起草党的纲领和今后实际工作计划。

7月25日和26日，大会休会两天，由张国焘、李达、董必武起草供会议讨论的党的纲领和今后实际工作计划。

7月27日、28日和29日，大会接连召开第三、四、五次会议，详尽地讨论了起草委员会提供的党的纲领和工作任务。据包惠僧回忆，“大家都争取发言，发言最多的是张国焘、周佛海、李汉俊、刘仁静”，他“也算是发言较多的”。代表们字斟句酌，仔细推敲，互相商讨，各抒己见，既有统一认识，又有激烈争论。

代表们在讨论党的性质和奋斗目标时，意见基本一致，但在个别问题上也有分歧。李汉俊提出现在世界上有俄国的十月革命，还有德国社会党的革命。中国的共产主义究竟应采取何种的党纲和政纲，应先派人到俄、德两国去考察，成立一个研究机构，从事一番研究后才能作出最

中共一大会议模拟场景（蜡像）

后的决定。目前共产党人应着重研究宣传方面的工作，并应支持孙中山先生领导的革命运动，在孙中山先生的革命成功后，共产党人可以参加议会。陈公博等人发言赞同李汉俊的看法。

刘仁静则针锋相对地提出了反对意见。他主张中国共产党应信仰革命的马克思主义，以武装暴动夺取政权，建立无产阶级专政，实现共产主义。他反对西欧社会民主党的议会政策以及一切改良派的思想。他认为中国共产党不应该只是马克思主义的研究团体，也不应对国民党和议会活动有过多幻想，应积极从事工人运动，以为共产革命的准备。张国焘、包惠僧等人支持刘仁静的看法。双方你来我往，一场舌战颇为激烈。

另一个分歧是党员能否当国会议员和到政府中做官，一部分代表对此持赞成意见，另一部分则坚决反对。后来在中共驻共产国际代表团档案中发现的一份题为《中国共产党第一次代表大会》的文件介绍说：

> 代表大会第三、四、五次会议专门研究了纲领，有些问题经过长时间争论以后，做出了最后决定，只有引起热烈争论的一点除外。这一点就是党员能否得到执行委员会许可做官和做国会议员。对这个问题有两种意见，一种意见认为，我们的党员做官没有任何危险，并且建议挑选党员加入国会，以使他们在党的领导下进行工作。另一方面不同意上面的意见。在第三次会议上，代表们没有得出任何结论，在第四次会议上，辩论更加激烈了。一方坚持认为，采纳国会制会把我们的党变成黄色的党……为了不同资产阶级采取任何共同行动，为了集中我们的力量进攻，我们不应当参加国会，而应当在国会外进行斗争。……另一方坚持主张，我们必须把公开的和秘密的工作结合起来……利用同其他被压迫党派在国会中的共同行动，也可以部分地取得成就。但是，我们要向人民指出：希望在旧制度的范围内建立新社会是无益的，即使试作一下也是无益的。工人阶级必须自己解放自己……这个问题最后还是没有得出结论，只好留到下次代表大会来解决。至于谈到我们是否应该做官的问题，这个问题有意识地回避了，但是，我们一致认为不应当作部长、省长，一般的不应当任重要行政职务。在中国，“官”这个词普遍应用在所有这些职务上。但是，我们允许我们的同志作类似厂长这样的官。

马林和尼克尔斯基没有出席第二、三、四、五次会议，会后由张国焘向他们报告讨论的情况。

7月30日晚，大会举行第六次会议，即原定的闭幕会，马林和尼克尔斯基也出席了，只有周佛海因腹泻未能参加会议。按照预定的程序，会上先由共产国际代表讲话，对有关的争论问题发表意见和提出建议，通过纲领和决议，完成选举工作。然而会议刚开始不久，从李公馆虚掩的后门中突然闯进一个身着灰布长衫的中年人。李汉俊当即问来人："你找谁？"那人东张西望，随口答道："我找各界联合会王会长。"随即又说找错了地方便匆忙退了出去。马林凭着他多年搞秘密工作的经验，见来人形迹可疑，立即提出中止会议，马上转移。包惠僧回忆说：

> 会议进行到第四天，马林和李克诺斯基[①]也参加了。宣布开会不到半点钟的时候，突然有个穿灰色竹布长褂的一个陌生面目的人跑上楼来把门帘揭开，一只脚跨进门内，就进到了我们的会场说一句："对不起我走错了"，忙匆匆地就走了。马林很机警地问这是什么人？都说不认识。马林说："一定是包打听，我们即刻解散。"在一分钟内我们都从前门走了，过了约在两个钟头的时候，我再回去看看。据汉俊说："你们走了不过十多分钟，陈公博还没有走，有十几个巡捕和包打听来搜查了一番，并没有搜去什么，他们问我们开什么会，我答应是北京大学的几位教授谈谈编辑新时代丛书的问题，并不是开会。好在他们都知道这是阿哥（李书城）的公馆，最后还说了几句道歉的话走了。"

① 李克诺斯基即尼克尔斯基。

陈潭秋回忆说：

下午八点钟晚饭后，齐集李汉俊寓所的楼上厢房里，主席刚刚宣布继续开会，楼上，客堂发现了一个獐头鼠目的穿长衫的人。当时李汉俊到客堂去询问他，他说是找各界联合会王会长，找错了房子，对不起，说毕扬长下楼而去。离李汉俊寓所的第三家，确实是上海各界联合会的会所。但是上海一般人都知道，各界联合会没有会长，也没有姓王的人。于是我们马上警觉到来人的可疑，立即收检文件分途散去。

于是代表们从李公馆分头转移，李汉俊作为主人留下，陈公博自告奋勇留下陪李汉俊。果然，十几分钟后，两辆警车来到了李公馆，法租界巡捕在总巡带领下迅速包围并搜查了会场，并盘问了留守的李汉俊和陈公博，只是他们两人反应机智，巧妙对答盘问，同时又得知李公馆的主人是李汉俊的哥哥、曾任北京政府陆军总长的李书城，紧张的气氛才有所缓和。后来，法租界巡捕见找不到什么证据，只好带人怏怏而去。在场的陈公博后来回忆说：

不想马上便来一个法国总巡，两个法国侦探，两个中国侦探，一个法兵，三个翻译，那个法兵更是全副武装，而两个中国侦探，也是睁眉怒目，要马上拿人的样子。那个总巡先问我们，为什么开会？我们答他不是开会，只是寻常的叙谈。他更问我们那两个教授是那（哪）一国人？我答他说是英人。那个总巡很是狐疑，即下命令，严密搜检，于是翻箱搜箧，骚扰了足足两个钟头。

那么这个夜闯中共一大会场的不速之客是谁呢？后来据专家考证，此人系法租界巡捕房密探程子卿。他闯进一大会场也不是偶然的。

根据史料分析，程子卿确实是来探查全国各界联合会动向的。因为该联合会反对北洋军阀政府，支持以孙中山为首的南方政府，所以遭到法租界巡捕房立案侦查，而联合会办公地点就在李公馆附近的另一幢房子里。程子卿在寻找联合会时并不清楚其具体地址，在无意中听到“马林用外语大声演说”，起了疑心，才闯入与联合会相邻的一大会场，发现有人集会，当即回到巡捕房去报信。当时法租界巡捕房离李公馆很近，只有3里路，因此不到一刻钟，法租界巡捕便迅速来到一大会场。

当天深夜，代表们聚集在老渔阳里2号《新青年》编辑部（陈独秀南下广州后，李达一直住在那里），商讨下一步对策。上海的开会地点已被警察搜查，必须改变开会的地点。到哪儿去呢？大家议论纷纷，一时也拿不定主意。

1921年7月23日晚上，这是一个平常的夏夜，但对中国共产党来说却有着深远意义。中国共产党举行了建党会议，13名代表身份各异、口音不同，为着一个共同的目标走到了一起。他们慷慨激昂，指点江山，成立了中国共产党。党的成立大会是在北洋军阀专制统治的白色恐怖下秘密举行的，除了会场一度受到法租界密探的惊扰外，在社会上并没有引起多大注意。但是就在这时，一个新的革命火种已在沉沉黑夜的中国大地上点燃起来了。

三十　『开天辟地的大事变』

1921年8月初的一天，浙江嘉兴南湖烟雨朦胧，十几位书生模样的青年人，悄然登上了一艘被当地人称为画舫的红色木船，他们围坐在中舱里的八仙桌旁，以打麻将为掩护在船上继续开会，庄严宣告中国共产党的诞生，中国革命的航船从此扬帆起航。

李达夫人王会悟

7月30日晚，中国共产党第一次代表大会在上海“李公馆”举行第六次会议，即原定的闭幕会，但由于遭到法租界巡捕的侵扰而被迫中止。接下来去哪里开会？最初，有人提出到杭州西湖继续开会，但大多数代表觉得西湖是著名景点，游客众多，容易暴露目标。8月1日，李达夫人王会悟提议，会议可以转移到她的家乡嘉兴南湖继续召开，因为嘉兴南湖比西湖僻静，游人不多，不易引起注意。此外，嘉兴离上海不远，有火车直达，只需一个多小时的旅程，当天可来回，既安全又方便。大家都赞成王会悟的建议。王会悟回忆说：

上海已不能开会了，到哪儿去继续把会开完呢？代表们意见不一。我想到我家乡嘉兴的南湖，游人少，好隐蔽，就建议到南湖去包一艘画舫，在湖中开会。李达去与代表们商量，大家都同意了这个意见。

8月1日当晚，王会悟来到上海北站“了解到嘉兴车的班次”，并购买了乘坐次日早班快车到嘉兴的火车票。8月2日清早，王会悟乘坐104次早班快车前往嘉兴做开会的准备工作。上午10时13分，她到达嘉兴后，入住鸳湖旅馆，并委托鸳湖旅馆的账房先生预定了第二天开会用的游船。这是一条中型的画舫船，船身长约16米、宽3米，内有前舱、中舱、房舱和后舱。王会悟总共付了8块大洋，租船4块5毛钱，中午饭是3块大洋，还有5毛钱是船家的小费。精心安排好这一切后，她又来到南湖，登上湖心岛上的烟雨楼，查看了周边地形。

8月3日①10点13分，参加南湖会议的代表们乘坐104次早班快车到达嘉兴，王会悟已在火车站等候。这时，两位共产国际代表马林和尼克尔斯基由于是外国人，过于引人注目，行动不便，没有来嘉兴。李汉俊、陈公博是法租界巡捕搜查时在场的两名代表，因担心被盯梢也没有来嘉兴参加最后一次会议。参加南湖会议的实有代表11人。

接着，这11名代表在王会悟引导下前往离火车站不远的南湖狮子汇渡口，乘摆渡船上了湖心岛，登上了南湖名胜烟雨楼，放眼望去，整个南湖美景尽收眼底。此前预定好的游船已停泊在烟雨楼前的水面上，

---

① 关于中共一大闭幕日期，目前史学界有7月30日、7月31日、8月1日、8月2日、8月5日等几种不同的说法。本书采用的是《中共一大嘉兴南湖会议研究》（2018年6月中共党史出版社出版）对一大闭幕日期的考证，确定为8月3日。

浙江嘉兴南湖游船（仿制）

因船身较大不易靠岸，船主用拖艄船把他们接上了游船。

对于这艘游船的具体模样，王会悟后来回忆说：

船的式样大小，据我记忆不到14公尺，中间有一个大舱，大舱后面有一个小房间，内放一只铺，有漂亮的席枕，房间后面船艄住船老大夫妇，中舱和船头中间有一个小舱，可睡一个人（有栏杆和中舱隔开），船的右边有一个夹道，左边没有夹道，中舱内靠后边放有几枕俱全的烟榻一只，上边挂有四扇玻璃挂屏，两边玻璃窗上挂绿色窗帘，放大八仙桌一张，还有凳子。圆的、方的，还是椅子记不清楚了，家俱（具）颜色是广东漆的。

接着，23岁的王会悟换上了白夏布斜襟短衫和黑丝绸裙子，这是当时南湖船娘的“职业装”。她装扮成船娘坐在船头，看似漫不经心地欣赏着湖光水色，实则双眼警觉地观察着四周，只要有别的游船靠近，她就哼起嘉兴小调，用手指轻敲舱门，舱内立时传出了洗牌声或南腔北调的谈笑声。

这是一个阴天。11时许，下起了淅淅沥沥的小雨，游人渐渐散去，湖面上更为清静。中共一大的最后一次会议，就在这缓缓划行的游船上开始了。

南湖会议继续进行7月30日晚上海会议被打断的议程，首先讨论党的纲领和实际工作计划的决议草案，由于这两个文件已在7月27日、28日、29日的会议上作了比较深入的讨论，所以会议很快就通过了《中国共产党第一个纲领》和《中国共产党第一个决议》这两份重要文件。

中共一大通过的中国共产党纲领，确定党的名称为“中国共产党”，规定党的纲领是：革命军队必须与无产阶级一起推翻资本家阶级的政权；承认无产阶级专政，直到阶级斗争结束，即直到消灭社会的阶级区分；消灭资本家私有制，没收机器、土地、厂房和半成品等生产资料，归社会公有；联合共产国际。纲领明确提出要把工人、农民和士兵组织

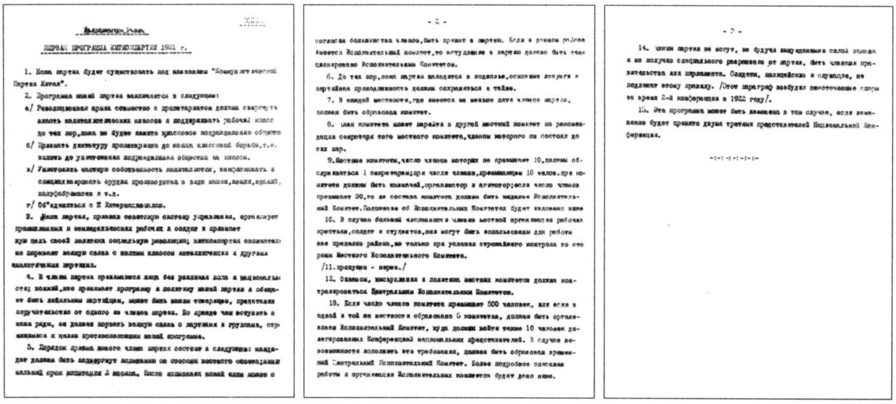

《中国共产党第一个纲领》，根据中央档案馆档案影印

起来，并确定党的根本政治目的是实行社会革命。

中共一大在讨论党的实际工作计划时，“因为党员少”，关于“组织农民和军队的问题成了悬案”，决定集中精力组织工厂工人。大会通过的党的第一个决议规定，党在当前的“基本任务是成立产业工会”，“党应在工会里灌输阶级斗争的精神”，要派党员到工会去工作。

在船上吃过午饭后，代表们开始讨论《中国共产党成立宣言》。围绕如何对待孙中山的南方政府和徐世昌的北洋政府，代表们分歧较大，不能统一意见。据李达回忆，这个宣言是否发表，代表们“授权仲甫决定”，结果“这个宣言后来放在陈独秀的皮包中，没有下落”，迄今没有发现这个宣言的任何文本。对于该宣言的具体内容，只能从李达的回忆中略见一二：

> 这宣言有千把个字，前半大体抄袭《共产党宣言》的语句，我记得第一句是“一切至今存在过的历史，是阶级斗争的历史”。接着说起中国工人阶级必须起来实行社会革命自求解放的理由，大意是说中国已有产业工人百余万，手工工人一千余万，这一千多万的工人，能担负起社会革命的使命，工人阶级受着帝国主义与封建势力的双重剥削和压迫，已陷于水深火热的境地，只有自己起来革命，推翻旧的国家机关，建立劳工专政的国家，没收国内外资本家的资产，建设社会主义经济，才能得到幸福生活。宣言草稿中也分析了当时南北政府的本质，主张北洋封建政府必须打倒，但对于孙中山的国民政府也表示不满。因此有人说“南北政府都是一丘之貉”，但多数意见则认为孙中山的政府比较北洋政府是进步的，因而把宣言中的语句修正通过了，宣言最后以“工人们失掉的是锁

链，得到的是全世界”一句话结束。

下午5时左右，天气转晴，湖面上突然出现一艘小汽艇，并朝着游船方向行驶而来，曾引起代表们一场虚惊。王会悟回忆说：

约五点钟左右，湖中游船已有五只了，并有一只小汽艇（是城内葛姓士绅私有的），当时看到疑为政府巡逻，曾引起警惕，临时休会，后来知道是私艇才放心。到这时候，到处留声机唱京戏，湖中已热闹非常，到六点多钟，我们就离开南湖准备回上海了。

天色渐渐暗下来，南湖会议进入最后一项议程：选举党的中央领导机构。会议考虑到当时全国党员人数才50多人，各地方组织也不健全，决定暂不成立中央执行委员会，只设立中央局。大会以无记名投票方式选举陈独秀、张国焘、李达3人组成中央局，选举陈独秀担任书记，张国焘负责组织工作，李达负责宣传工作。张国焘回忆：

当这一项议题讨论完毕时，已是日薄西山的时候，我们主张第四项议题的选举问题迅速进行。讨论结果，一致认为现在党员人数很少，暂不必根据党章组设人数较多的中央执行委员会，只须选出三个委员，分担书记、组织、宣传等工作就够了。根据这个决定，大会旋即一致推举陈独秀任书记，李达任宣传，我任组织。在陈先生没有返沪以前，书记一职暂由周佛海代理。大会要求这三位被选的委员立即就职，从速组成中央，并决定将大会所通过各案原则由中央整理后作成正式文件；一切尚未决定的事，也由中央全权处理。

根据代表们的回忆，共产国际代表马林和尼克尔斯基在选举中发挥了指导作用。虽然选举时他们不在现场，但会议筹备者在选举问题上事先与马林和尼克尔斯基进行了沟通和协商，并征得了他们的同意。包惠僧回忆说，“会议最后是选举，选谁，事先张国焘和马林已经商量好了，和各个代表打了招呼”。

陈独秀虽然没有出席中共一大，但鉴于他在新文化运动和五四运动中的巨大声望以及建党过程中的突出贡献，仍然被推选为中央局书记。此外共产国际对他的信任和支持也是一个重要因素。陈独秀表弟濮清泉回忆说：

> 据陈独秀告诉我，中共第一次代表大会时他因事留在广东，没有参加，之所以要他当总书记，是第三国际根据列宁的意见，派一个荷兰人马林来中国传达的。说是中国无产阶级还没有走上政治舞台，党的总书记一职，要找一个有名望的人，号召力要大点。

下午6时许，南湖会议在完成各项议程后结束，由张国焘宣布会议闭幕。代表们庄严起立，紧握右拳低沉有力地呼喊：“共产党万岁！第三国际万岁！共产主义——人类的解放者万岁！”

晚上8点15分，代表们来到嘉兴火车站，乘坐从杭州开往上海的最后一班火车，10点45分到达上海北站，这时已是万家灯火了。

党的一大宣告了中国共产党的正式成立。中国共产党的诞生，是近代中国历史发展的必然产物，是中国人民在救亡图存斗争中顽强求索的必然产物，是中华民族在追求复兴的道路上不断觉醒的必然产物。自从有了中国共产党，灾难深重的中国人民有了可以信赖的组织者和领导者，中国革命有了坚强的领导力量，中国革命的面貌从此焕然一新。正如习近平总书记2021年7月1日在庆祝中国共产党成立100周年大会上的讲话中所指出的：

> 十月革命一声炮响，给中国送来了马克思列宁主义。在中国人民和中华民族的伟大觉醒中，在马克思列宁主义同中国工人运动的紧密结合中，中国共产党应运而生。中国产生了共产党，这是开天辟地的大事变，深刻改变了近代以后中华民族发展的方向和进程，深刻改变了中国人民和中华民族的前途和命运，深刻改变了世界发展的趋势和格局。

主要参考书目

●《回忆蔡和森》，人民出版社编，人民出版社1980年版

●《“一大”前后：中国共产党第一次代表大会前后资料选编》（一）（二）（三），中国社会科学院现代史研究室、中国革命博物馆党史研究室选编，人民出版社1984年版、1985年版

●《上海机器业工人运动史》，《上海机器业工人运动史》编委会编，中共党史出版社1991年版

●《中共广州地方史》（新民主主义革命时期），中共广州市委党史研究室编，广东人民出版社1995年版

●《中国工人运动史》（第二卷），刘明逵主编，广东人民出版社1998年版

●《中国共产党武汉史》（1919—1949），中共武汉市委党史研究室著，湖北人民出版社1999年版

●《中国共产党上海史》（1920—1949）（上），中共上海市委党史研究室著，上海人民出版社1999年版

●《中国共产党广东地方史》（第一卷），中共广东省委党史研究室著，广东人民出版社1999年版

●《横空出世：中国共产党创建史》，黄修荣著，黑龙江教育出版社2000年版

●《中国近代现代出版通史》第2卷，叶再生著，华文出版社2002年版

●《我的回忆》（上），张国焘，东方出版社2004年版

●《董必武传》（上册），《董必武传》撰写组编，中央文献出版社2006年版

●《飞扬与落寞：陈独秀的旷代悲情》，张宝明、刘云飞著，东方出版社2007年版

●《周恩来传》（上册），中共中央文献研究室编，中央文献出版社2008年版

●《浙江先进分子与中国共产党的创建》，中共浙江省委党史研究室著，中共党史出版社2008年版

●《毛泽东传》（第一册），中共中央文献研究室编，中央文献出版社2011年版

●《中国共产党历史》（第一卷），中共中央党史研究室著，中共党史出版社2011年版

●《亲历者说：建党纪事》，吴殿尧主编，解放军出版社2011年版

●《李大钊全集》（第三卷），中国李大钊研究会编，人民出版社2013年版

●《中国共产党早期组织及其成员研究》，中共嘉兴市委宣传部、嘉兴市社会科学界联合会、嘉兴学院红船精神研究中心著，中共党史出版社2013年版

●《中共一大会址纪念馆故事》，徐云根主编，南京出版社2014年版

●《李达全集》（第十六卷），汪信砚主编，人民出版社2016年版

●《红楼曙光：中国共产党的诞生与北京大学》，宋修见著，人民出版社2017年版

●《中共党史人物传》，中国中共党史人物研究会编，中国人民大学出版社2017年版

●《中共一大嘉兴南湖会议研究》，本书课题组著，中共党史出版社2018年版

●《城市·空间与中共建党》，苏智良主编，上海教育出版社2018年版

●《红船映初心》，邵维正、刘晓宝著，人民出版社2018年版

●《五四运动史》（修订本），彭明著，人民出版社2019年版

●《启航：红船精神永放光芒》，南湖革命纪念馆编，人民出版社2019年版

●《中共百年若干重大事件述实》，罗平汉著，人民出版社2021年版

●《中国共产党北京历史》（第一卷），中共北京市委党史研究室著，中共党史出版社2021年版

●《中国共产党湖北历史》（第一卷），中共湖北省委党史研究室著，中共党史出版社2021年版

●《俄国十月革命的消息是怎样传到中国的?》，李兴耕，《马克思主义与现实》1997年第5期

●《李大钊为工人阶级播火种》，赵伟龙，《河北工人报》2021年6月24日